프랑스어식 사고법

저자 박만규

도서출판 씨엘

●●● 머리말 ●●●

    프랑스어로 말을 한 마디라도 하려 하면 도대체 어떻게 시작해야 할지, 어떤 식으로 문장을 꾸며야 할 지, 막막함을 느낄 때가 많다. 예를 들어 다음과 같은 문장들을 프랑스어로 말하려 한다고 해 보자.

"식사 금방 되나요?"
"손가락을 베었어요."
"왠지 마음이 무거워."
"물은 셀프입니다."

    왜 그럴까? 이는 우리말을 직역해서는 프랑스어 문장이 꾸며지지 않거나, 혹은 꾸며진다 하더라도 전혀 자연스럽지 않은 문장이 만들어지기 때문이다.
    이 책은 이런 사람들을 위해 쓰여졌다. 즉 이 책의 목적은 자연스러운 프랑스어 문장을 꾸미는 방법을 습득하도록 하는 것이다. 그런데 어떻게 이것이 가능할까?
    각 언어에는 그 언어만의 고유한 표현 방식이 있다. 그러니까 우리말에는 우리말식의 표현법이 있고 프랑스어에는 프랑스어식의 표현법이 있는 것이다.
    사실 프랑스어로 말할 때 우리말식이 아니라 프랑스어식으로 표현해야 한다는 말을 우리는 많이 들어왔다. 그러나 말이 쉽지 실행에 옮기기는 참 어려운 이야기이다. 왜냐하면 프랑스어를 그렇게 배운 적이 없기 때문이다. 그리고 그러한 것을 알려 주는 학습서가 없기 때문이다. 프랑스어식 표현을 하루에 한 마디씩 배우는 방식이 방송이나 인터넷에 나오기는 하지만, 그렇게 해서는 결코 그 수많은 프랑스어식 표현들을 다 알 수가 없다. 그리고 문장을 하나하나 외우는 방식으로는 학습도 잘 되지 않는다.
    만일 우리말로 이러 이러한 표현들은 대체로 프랑스어에서는 이러 이러한 방식으로 표현하면 된다는 공식 같은 것이 있다면 얼마나 좋을까?

만일 그런 공식들이 있다면, 이를 학습하여 자연스러운 프랑스어 문장을 쉽게 꾸밀 수 있을 테니 말이다. 이 책은 그러한 열망에 부응하기 위해 쓰여졌다.

그런데 다행스럽게도 각 언어의 표현법들은 결코 무질서한 것이 아니라 매우 일정한 경향성을 보여 주고 있다. 왜냐하면 한 언어의 표현법은 그 언어에 담겨 있는 사고방식에 의해 결정되는데, 이 사고방식이 일정하기 때문이다. 즉, 한국어에는 한국어만의 사고방식이, 프랑스어에는 프랑스어만의 사고방식이 담겨 있는데, 그러한 경향성을 몇 개의 규칙으로 설정하여 이들을 서로 연결하여 학습을 한다면, 모르는 표현들을 볼 때마다 외우는 방법과는 비교할 수 없이 매우 효율적인 학습법이 된다. 이 책에서는 한국어와 프랑스어 사이에 존재하는 사고법의 차이에서 기인하는 표현상의 규칙적인 대응관계를 살펴보고 학습한다. 그리고 이를 통해 프랑스어로 생각하고 프랑스어로 말할 수 있는 능력을 쌓는 것을 목표로 한다.

이 책에는, 우리나라 사람들이 비교적 수월하게 쓸 수 있는 표현들, 예컨대 우리말을 그대로 직역하면 되는 표현들은 거의 나오지 않는다. 왜냐하면 이런 표현들은 기존의 학습서가 다 다루는 내용이고 또 특별한 학습이 없이도 큰 어려움 없이 쓸 수 있기 때문이다. 그러니까 이 책은 프랑스인들이 실제 일상 생활에서 매우 잘 쓰지만 우리나라 사람들은 잘 못 쓰는, 그리고 프랑스인들의 사고방식을 가지지 않으면 쓰기 어려운, 매우 프랑스적인 문형과 표현들만을 주로 다룬다.

이 책은 전혀 새로운 유형의 외국어 학습서라고 자부한다. 필자는 프랑스어와 한국어의 표현과 사고 방식의 비교 연구를 시작하고 1999년 『불어로 생각하기, 불어로 말하기』를 간행한 바 있다. 이후에 근 25년 만에 오랫동안 이루어진 연구 성과를 반영하여 이 책을 썼다. 아무쪼록 여러분의 프랑스어 실력 향상에 도움이 되기를 바란다.

끝으로 이 책이 나오기까지 함께 학술적 토론을 아끼지 않은 아주대의 Anne-Cécile Faye교수에게 감사의 말을 전한다.

2023년 8월 아주대 연구실에서
저자 **박 만 규**

●●● 목 차 ●●●

머리말 ··· 5

1장 '주제'에서 '주어'로 ································· 11
  1. 생략된 성분의 복원 ·· 12
  2. '이 칼이 잘 썰려'를 프랑스어로 하면? ············· 17

2장 논리주의 vs 주관주의 ································ 19
  1. 프랑스어는 증거를 요구하지 않는다! ··············· 20
  2. 미세한 감정표현은 제스쳐로 ··························· 24
  3. 이중부정과 수사의문문은 불필요 ···················· 27
  4. 접속사를 아끼자 ·· 31

3장 표현의 포괄성 vs 구체성 ·························· 35
  1. 행위의 포괄적 표현 ·· 38
    1.1. 사물의 이동 행위는 mettre로 ···················· 38
    1.2. 몸에서 물건을 이동하는 행위도 mettre로 ···· 51
    1.3. 몸에 착용·패용하는 행위는 모두 mettre로 ··· 56
    1.4. 기타 행위의 포괄적 표현 ··························· 63
  2. 상태의 포괄적 표현 ·· 71
    2.1. '있다', '났다'는 'il y a'나 'avoir'로 ············· 71
    2.2. 사람이나 물건이 장소에 있는 상태는 모두 '있다'로 ············ 74
    2.3. 사람이 몸 안에 물건을 갖고 있는 상태는 모두 '가지고 있다'(avoir)로 79

3. 전치사를 이용한 포괄적 표현 ········· 82
　3.1. 부사적 표현을 전치사로 ········· 82
　3.2. 관계절을 전치사구로 ········· 90
　3.3. 진행형도 전치사로 ········· 100
4. 연속되는 행위는 하나만! ········· 107

4장 인간중심의 세계관 ········· 111
1. 규칙, 판단은 인간의 행위로 ········· 114
2. 사물의 소재와 장소는 관련된 인간의 행위로! ········· 120
3. 사람의 행위나 상태라면 '사람을 주어로' ········· 126
4. 원인을 주어로 ········· 132
　4.1. 사역형으로 ········· 134
　4.2. 사역의 뜻을 가진 하나의 타동사로 ········· 142
　4.3. (외인성) 감정의 표현 ········· 146

5장 존재와 소유의 세계관 ········· 155
1. 소유의 세계관 ········· 156
2. 인간의 속성은 avoir로 ········· 161
　2.1. 사람의 신체적 특성이나 상태는 'avoir'로! ········· 161
　2.2. 사람의 내적 속성도 'avoir'로! ········· 173
3. 사물의 속성도 avoir로 쓸 수 있다 ········· 179
4. '있다'는 '가지고 있다'(avoir)로! ········· 184
5. 물건이 아니어도 '가지고'(avoir) '줄'(donner) 수 있다! ········· 197
　5.1. 문의 / 주문할 때는 avoir로 ········· 197
　5.2. '알고 있다'는 avoir로 '알려주다'는 donner로 ········· 204

6장 개인주의 vs 집단주의 ··· 207
1. 감정의 적극적 표현 ··· 209
2. 의견의 명시적 표현 ··· 218
3. 프랑스어는 의지의 유무를 표현하지 않는다 ········· 231
4. 직접 행위와 사역행위를 구분하라! ························· 246

7장 문형을 바꿔 보자 ··· 251
1. 부정형 표현 ··· 252
2. '없어지다'를 'ne ... plus'로ㅤ··· 257
3. 부사적인 구성은 문형을 바꿔서! ······························· 261

1장
'주제'에서 '주어'로

1. 생략된 성분의 복원

한국어 문장 [주제] + [언급]

식당에 가면 흔히 접하는 문구가 있다.

> 물은 셀프입니다.

여기에서 '물은'은 주어일까?
아니다. 주어라면 논리적으로 말이 안 되니까. 어떻게 물이 셀프일 수 있는가 말이다.
TV 광고를 보니 다음과 같은 문구가 나온다.

> 이 침대는 잠이 잘 와요.

이 문장에서 '이 침대는'은 주어일까?
이것도 아니다. 우선 논리적으로 '이 침대'는 동사 '와요'의 주어가 될 수 없다. '잠'이 오는 것이지, '침대'가 올 수 없지 않은가?
이 두 문장들에서 '물'과 침대'는 주어(subject)가 아니라 주제(topic)를 나타내는 말들이다. 물에 관해 말하자면(주제), 그것을 갖다 먹는 방법이 셀프서비스라는 말이다. 그리고 이 침대에 관해 말하자면(주제), 여기서 자면 잠이 잘 온다는 말이다. 우리말은 기본적으로 이러한 방식으로 문장을 꾸민다.
우리말은 이처럼 무엇에 대해 말하는 것인지(주제)를 먼저 얘기해 놓고 그 다음에 그것이 어떻다는 언급을 하는 구조를 갖고 있다. 우리의 사고방식이 이러하다. 다시 말해 우리말의 문장은, 화자가 어떤 것에 대하여 무엇인가를 언급하는 것으로 볼 수 있다. 이때 앞부분을 '주제'(topic, theme)라고 하고 뒷부분을 '언급'(comment, rheme)이라고 한다.

> **프랑스어 문장 [주어] + [술어]**

　반면에, [주제]-[언급]의 정보적 의미를 명시적이고 체계적으로 담지 않고, 우리가 익히 잘 알고 있는 [주어]-[술어](subject - predicate)의 논리적 의미 정보만 담는 언어들이 있는데, 영어, 프랑스어, 독일어 등 서유럽어들이 대표적이다. 이처럼 문장이 [주어]-[술어]로 구성되고, 문법적 주어가 중심적인 역할을 하는 언어를 '주어중심 언어'(subject prominent language)라고 한다.

　물론 프랑스어에서도 주제를 나타낼 수 있다. pour나 quant à나 en ce qui concerne 같은 표현들을 써서.

　　Quant à moi, je pars.
　　나는 갈 거야.

　그러나 한국어의 '-은', '-는'처럼 한국어처럼 거의 매 문장마다 넣지는 않는다. 단지 꼭 필요할 때만, 아주 가끔씩 쓸 뿐이다. 다시 말해, 프랑스어 문장의 기본틀은 [주어]-[술어]이다. 그러므로 프랑스어에서는 주어를 생략하는 경우가 없다.

　반면에 한국어는 [주제]-[언급]으로 문장을 구성하므로, 주제가 없는 문장이 드물고 반대로 주어가 없는 문장은 매우 흔하다. 이처럼 한국어가 문장에서 주제를 정하고 그 주제에 대해 언급을 하는 방식으로 문장을 꾸미는 이유는, 한국어 문장은 '화자'와 '청자' 사이의 대화를 기록하는 문장이기 때문이다. 화자와 청자가 존재하니 서로 대화 상황에서 공유하는 정보는 굳이 일일이 반복하지 않아도 되게 된다. 따라서 주어를 비롯한 문장의 많은 성분들을 생략할 수가 있다.

　반면에 프랑스어와 같은 '주어 중심언어'에서는 문장에 (화자와 청자 사이의 대화가 아니라) 단지 전하는 내용만을 담는다. (화자와 청자의 존재가 전제되지 않으므로) 전하는 내용에서 논리적으로 매우 중요한 주어를 생략하지 않게 된다. 그러므로 프랑스어에서는 결코 주어를 생략하지 않는다.

이러한 이유로 우리가 한국어로 된 문장을 프랑스어로 옮길 때는 한국어에 생략된 어휘들을 복원시켜야 한다.

난 한다면 해. → 내가 무언가를 할 것이라고 할 때, 나는 그것을 해.
Quand je dis que je vais faire quelque chose, je le fais.

다음 문장들도 마찬가지이다.

시키는 대로만 하면 돼. → 너는 네가 들은 대로 하기만 하면 돼.
Vous n'avez qu'à faire ce qu'on vous dit.
Vous n'avez qu'à faire ce que vous avez entendu.

특히 다음 문장은 복원할 경우 매우 길어진다.

사장님이 오래. → 사장님이 내게 네가 자기를 보러 오라고 했어.
Le patron m'a dit de te dire de venir le voir.
Le patron m'a dit que tu viennes.
Le patron veut que tu viennes.

그래서 실제로는 다음과 같은 짧은 형태의 문장을 쓰게 된다.

사장님이 오래. → 사장님이 (너를 / 너를 보기를) 원해.
Le patron te demande.
Le patron veut te voir.

"나는 커피야."가 "I'm coffee."가 아닌 이유

커피숍이나 식당에서 음료나 음식을 주문할 때 우리는 다음과 같이 말하고는 한다.

    나는 커피야.
    너도 커피니?
    저 분은 아이스커피예요.

물론 여기서 '나는', '너도', '저 분은' 등은 주어가 아니라 주제를 나타낸다. 뒤이어 나오는 '커피'나 '아이스커피'는 술어인가? 그것도 아니다. 사실 논리적으로 문장을 구성한다면 각각 '내가 커피를 마시고 싶다', '네가 커피를 시킬 거니?', '저 분은 아이스커피를 원합니다.' 등이 될 것이다. 그러니까 이들 한국어 문장을 프랑스어로 옮기려면 생략된 성분들을 복원해야 한다.

    저는 커피예요. → 저는 커피를 마시고 싶어요.
Je voudrais un café.

    너도 커피니? → 너도 커피를 원하니?
Toi aussi, tu veux du café ?

    저 분은 아이스 커피예요. → 저 분에게 아이스 커피 갖다주세요.
Apportez-lui du café glacé.

다음과 같은 문장도 마찬가지로 술어가 없기 때문에 프랑스어 문장을 꾸밀 때는 적절한 술어를 넣어야 한다. 대화라면 첫째 문장 같이 표현해야 할 것이고 팻말(게시문)이라면 둘째 문장처럼 표현하는 것이 좋을 것이다.

물은 셀프입니다. → 웨이터가 당신에게 물을 갖다 주지 않는다. 당신은 그 것을 직접 갖다 먹어야 한다.
[대화] Le serveur ne vous apporte pas d'eau, vous devez vous servir vous-même.

물은 셀프입니다. → 물은 셀프서비스로 이용가능합니다.
[팻말] L'eau est disponible en libre-service.

2. '이 칼이 잘 썰려'를 프랑스어로 하면?

도구가 주어인 이유

펜으로 글자를 쓰다가 잉크가 잘 안 나와서 다른 사람에게 펜을 빌려 쓰면 잘 나올 때가 있는데, 이 때 우리는 다음과 같이 말한다.

이 펜이 잘 써지네.

여기서 '펜'이 주어일까? 그럴 리가 없다. 왜냐하면 펜이 잘 써지는 것이 아니라 글씨가 잘 써지는 것이기 때문이다. 원래는 '이 펜(으로)가 (글씨가) 잘 써지네.' 같은 문장이었을 것이다.

우리말은 어떤 말로 문장을 시작해도 문장을 구성하는 데 어려움이 없다. 왜냐하면 맨 앞의 요소는 주어가 아니라 (초점을 포함하여) 주제일 수 있기 때문이다. 주제를 언급하고는 그 다음에 주어-동사의 논리적 순서로 이야기 하면 된다. 그러나 프랑스어에서는 주어를 말하면 그 다음에는 술어가 와야 하므로 논리적 구성이라는 틀에 바로 들어가게 된다. 따라서 프랑스어에서는 '이 펜'으로 문장을 시작하면 동사로 '쓴다'(écrire)고 할 수 밖에 없다. 이러한 이유로 인해 프랑스어에서는 도구로 문장을 시작하면 비유적으로 도구가 사람처럼 쓴다고 하는 표현이 발달하게 되었다.

이 펜이 잘 써지네. → 이 펜은 잘 쓴다.

Ce stylo écrit bien.

'풀'[접착제]는 보통 다음과 같이 쓴다.

그것을 풀[접착제]로 붙여.

Colle-le avec la colle.

그런데 '풀'이 주어로 쓰이면 다음과 같이 된다.

　　이 풀이 잘 붙어. → 이 풀이 잘 붙여
　　Cette colle colle bien.

이제 연습을 해 보자.

　　이 칼이 잘 드네. → 이 칼이 잘 잘라
　　Ce couteau coupe bien.

　　이 칼은 끝이 뾰족해서 잘 들어요. → 잘 잘라요
　　Ce couteau a un bord (tranchant / fin) et coupe bien.
　　Ce couteau a un tranchant et coupe bien.

　　이 열쇠가 잘 열리네. → 이 열쇠가 잘 열어
　　Cette clef ouvre bien.

　　이 열쇠가 잘 안 열리네.
　　Cette clef n'ouvre pas bien.

　　이 병따개는 잘 안 따져.
　　Ce décapsuleur n'ouvre pas bien.

　　이 라켓이 잘 맞아요.
　　Cette raquette frappe bien.

　　저는 이 라켓이 편해요.
　　Je suis à l'aise avec cette raquette.

2장
논리주의 vs 주관주의

1. 프랑스어는 증거를 요구하지 않는다!

한국어에서는 다음과 같이 말할 수 없다.

* 우리 아들은 그 여자가 좋아.

대신 다음과 같이 말한다.

우리 아들은 그 여자가 (좋대 / 좋은가 봐).

우리는 다른 사람의 마음을 직접 알 수 없다. 그래서 아들이 한 말을 인용하거나('좋대'는 '좋다고 해'의 줄임말), 짐작하여('좋은가봐') 말한다.
마찬가지로 아기가 울 때 엄마는 다음과 같이 말한다.

아기가 (배고프대 / 배고픈가 봐).

아기의 마음을 직접 알 수는 없기 때문에 '아기가 배고파.'라고 말하지 않는다. 반면에 프랑스어의 문장들은, 이와 달리, 단지 상황을 말한다. 이 문장들을 자연스러운 프랑스어로 하면 다음의 (b)와 같다.

우리 아들은 그 여자가 좋대.
(a) Mon fils dit qu'il aime cette femme.
(b) Mon fils aime cette femme.

아기가 (배고프대 / 배고픈가 봐).
(a) Mon bébé dit qu'il a faim. / Je pense que mon bébé a faim.
(b) Mon bébé a faim.

우리 딸은 수학이 재미있대요.
(a) Ma fille dit qu'elle s'intéresse aux mathématiques.
(b) Ma fille s'intéresse aux math(ématique)s.

프랑스어에서는 남에게서 들은 정보의 경우 굳이 그 출처를 밝히지 않고도 제시할 수 있고 또 그런 문장이 자연스럽게 받아들여진다.

반면에 한국어에서는 화자가 자신이 전하는 정보에 대해 그 근거가 있는지를 밝히는 것이 자연스럽다. 다음에서 보듯이, 매 문장마다 '-네', '-더-', '-대', '-나봐', '-겠-' 같은 문법적 표지를 부착하면서 자신의 얻은 정보를 직접 체험한 것인지 아니면 추측하거나 들은 이야기인지를 밝힌다.

오, 애들이 열심히 공부하고 있네.
애들이 열심히 공부하더라.
애들이 열심히 공부했대.
애들이 열심히 공부했나봐. / 공부했겠지.

이처럼 화자가 전달하고자 하는 정보의 출처를 문법적으로 표현하는 수단을 '증거성'(evidentiality) 표지라 하는데, 한국어에서는 증거성 표지가 필수적이지만, 프랑스어에서는 필수적이지 않다.

초·중급 프랑스어 학습자의 경우 증거성 표지가 붙은 우리말 문장을 프랑스어로 옮겨서 표현하려 할 때 주저함을 보이는 경향이 있다. '내가 봤는데 그거 좋더라!' 같은 문장을 그냥 단순히 'Je l'ai vu et je l'ai bien aimé.'라고 직역하면 뭔가 빠진 것 같고 그 뉘앙스가 전달되지 않아서 올바른 번역이 아닐 것이라고 생각하는 것이다. 프랑스어로 말할 때 우리말 문장에 풍부하게 존재하는 증거성 표지는 반영하려고 노력해서는 안 된다. 그저 잊어야 한다.

다만 프랑스어에도 추측을 나타내는 표지는 붙일 수 있는데, 조건법이나 조동사 devoir를 쓰면 된다.

그 애가 지금쯤이면 배고플 텐데.
Il aurait faim à présent.
Il doit avoir faim à l'heure qu'il est.

필요에 따라 (특히 직접 경험이 아니라 들은 이야기거나 추정에 의한 것이라는) 근거를 밝히고 싶을 때는 'On m'a dit que ~'나 'Ils disent que ~' 등 몇 가지 표현들을 이용하여 나타낸다.

제가 듣기로는, ~하더라 On m'a dit que ~, Ils disent que ~
제가 듣기로는 곧 우리를 떠나신다면서요.
On m'a dit que vous alliez nous quitter.

파업이 있을 거라고 하던데요.
Ils disent qu'il va y avoir une grève.

제가 알기로는 D'après ce que je comprends, / d'après moi / d'après ce que je sais / Autant que je sache
제가 알기로는, 그 계획은 실패했어요.
(D'après ce que je comprends, / d'après ce que je sais / Autant que je sache) le plan a échoué.

당연하지, 놀랄 일이 아니죠 pas étonnant; ça m'étonne pas, il n'est pas étonnant
그 여자가 화내는 건 당연하지.
Elle est en colère et pas étonnant.
(Ça m'étonne pas / il n'est pas étonnant) qu'elle soit en colère.

• 감정 표현 뒤에 que 절을 붙일 때는 접속법을 쓴다.

그 남자가 그럴 줄 알았어. / 그 남자가 그런 것은 당연하지.

Ça m'étonne pas qu'il ait fait ça.

그 여자가 화를 낸다 해도 (이상할 게 없어 / 놀랄 일이 아니야).

Ça m'étonnerait pas qu'elle soit en colère.

네 말 듣고 보니 놀랍지 않네.

Vu ce que tu m'as dit, ça m'étonne pas.

내 이럴 줄 알았어.

Il n'est pas étonnant que ça soit arrivé.

2 미세한 감정표현은 제스쳐로

서양 사람들은 말할 때 억양이나 표정 또는 제스쳐를 매우 많이 동원하는 것을 볼 수 있다. 이는 자신의 감정을 외적으로 표현하는 것을 자제하는 동양과 달리 서양에서는 이를 장려하는 문화적 차이도 있지만, 주어중심 언어와 주제중심 언어라는 언어 구조의 차이에서 기인하는 측면이 더욱 강하다.

서양인에게 '말'은 '논리'를 전하는 수단으로 인식되어 왔다. '논리'를 뜻하는 프랑스어 단어 'logique'은 바로 그리스어 '말'을 뜻하는 'logos'(λόγος, 로고스)에서 왔다. 왜 '말'을 뜻하는 단어가 '논리'를 뜻하게 되었을까? '말'에 '논리'가 담겨 있다고 생각했기 때문이다. 즉 말을 한다는 것은 생각과 논리를 전한다는 뜻이다.

반면에 '감정'은 pathos(πάθος, 파토스)인데 이는 본래 고통, 경험을 뜻한다. 감정은 느끼고 경험하는 것이지 상대에게 전하는 것은 아니라는 것이다. 요컨대, '말'은 생각과 논리를 전하는 행위이고, 이로 인해 '감정'은 '말'에 담길 수 없다고 생각했다. 따라서 감정은 '몸짓'이나 '표정' 또는 '억양' 같은 비언어적 표현(expressions non verbales)에 실어 표현하는 것이다. 이러한 이유로 서양인들은 감정을 전하기 위해 제스쳐를 쓴다.

반면에 한국인은 감정을 말에 담아 전한다.

다음의 한국어 예문들에는 화자가 체험한 다양한 놀람의 감정이 담겨있음을 볼 수 있다.

> 그 사람이 그걸 바닥에 냅다 던져 버리(**데 / 더군 / 잖아 / 더라고 / 는 거야 / 는 게 아냐 / 는 거 있지** ...)!

이 문장들에서의 다양한 어미들은 화자에게는 뜻밖의 것이고 이에 화자가 놀라워한다는 점을 나타내고 있다. 이처럼 문장에 표현된 내용(명제)이 뜻밖이거나 새로운 정보임을 나타내는 문법범주를 '의외성'(mirativity)이라 하는데, 이것이 한국어에는 매우 풍부하게 발달되어 있다.

반면에 프랑스어에는 이것이 발달되어 있지 않다. 그래서 위의 모든 한국어 문장에 대응되는 프랑스어 문장은 오직 하나이다. (화자의) 감정을 담지 않고 객관적 사실만을 논리적으로 전할 뿐이다.

> 그 사람이 그걸 바닥에 냅다 던져 버리(**데 / 더군 / 잖아 / 더라고 / 는 거야 / 는 게 아냐 / 는 거 있지** ...)!
> Il l'a jeté vivement sur le sol.

다음 문장의 다양한 어미들도 동일한 사건에 대한 다양한 화자의 감정과 태도를 담고 있다.

> 그거 너에게 잘 맞아. [화자의 확신]
> 그거 동생에게도 잘 (맞더라 / 맞더구나 / 맞더구먼)! [화자의 체험]
> 그거 너에게 잘 맞을 거야. [화자의 추정]
> 그거 너에게 잘 맞는구나! [의외성] ...
> Ça te va bien.

우리말의 다양한 감정적인 뉘앙스를 담으려고 이리저리 궁리할 필요 없다. 그들처럼 억양이나 표정, 그리고 제스쳐를 이용할 것을 권유한다.

> **어미의 감정적 뉘앙스는 무시하여 간단하게!**

그래서 프랑스어로 말할 때는 논리적인 의미만을 전달하면 된다. 감정은 제스쳐로 나타내면 되니까.

> 그 여자가 따귀를 한 대 때리(**잖아 / 더군 / 는게 아냐**)!
> Elle m'a donné une gifle !

그 사람이 계속 내 기분을 상하게 하(**는거야** / **더라구**)!
Il n'a pas arrêté de me contrarier !

너 감기 걸렸**구나**!
Tu as la grippe !

그냥 이해가 안 (가**던 걸** / 가**더라구**)!
Je n'ai juste pas compris !

그 녀석, 가지 말라고 말렸는데도 가 (버리더라고 / 버리는 거야 / 버리던 걸!)
J'ai essayé de l'arrêter, mais il est parti.

집 안에 아무도 없던데요, 뭘!
Mais il n'y avait personne dans la maison !

3 이중부정과 수사의문문은 불필요

이중부정은 긍정으로

화자의 주관적 의견을 표현하는 우리말에서는 '... 없는 것이 없다'나 '... 안 한 것이 없다'와 같은 이중부정 표현이 흔하다. '...은 다 있다'나 '...는 다 했다'고 표현하는 것은 너무 밋밋하기 때문이다.

그러나 프랑스어는 논리적인 전달로 충분히 만족하는 언어이므로 이 같은 이중부정을 그다지 즐겨 쓰지 않는다. 그냥 긍정문으로 간단하게 표현한다.

그 남자는 없는 게 없어요. → 다 갖고 있다.
(×) Il n'a aucun objet qu'il n'ait pas.
(○) Il a tout. / (종류별로 없는 게 없어요) Il a de tout.

다음과 같이 장소에 대해 말한다면 'il y a'를 쓰면 되긴 하지만, 이 문장에서도 여전히 프랑스인들은 긍정문을 쓴다.

(거기에는) 없는 게 없어요. → 다 있다.
(거의 안 쓰임) Il n'y a aucun objet qu'il n'ait pas.
(○) Il y a tout. / (종류별로 없는 게 없어요) Il y a de tout.

다음 표현도 마찬가지로, 긍정형으로 쓴다. 이중부정문은 어색하거나 지나치게 현학적이어서 거의 안 쓰인다.

그는 안 가본 데가 없어요.
(자주 안 쓰는 문장) Il n'y a aucun endroit qu'il n'ait pas visité.
(○) Il a visité tous les endroits.
(○) Il a été partout.

너 모르는 게 없구나! → 다 아는구나!
(잘 안 쓰는 문장) Il n'y a rien que tu ne saches pas.
(○) Tu sais tout.

그 사람은 안 해 본 게 없어요.
(✕) Il n'y a rien que je n'aie pas fait.
(○) Il a tout fait.
그 사람은 산전수전 다 겪어 봤어요.
J'ai traversé de nombreuses épreuves.

그 사람은 안 해 본 공부가 없어요.
(✕) Il n'y a rien qu'il n'ait pas étudié.
(○) Il a tout étudié.

   다음 문장들 같은 경우는 이중부정도 쓰이나 역시 긍정형을 쓰도록 하자.

그녀는 안 먹어 본 음식이 없어요.
Il n'y a aucun plat qu'elle n'ait pas essayé.
Elle a tout goûté. / Elle a tout essayé.

그녀는 안 읽어 본 책이 없어요.
Il n'y a aucun livre qu'elle n'ait pas lu.
Elle a lu tous les livres.

그는 못하는 게 없다.
Il n'y a rien qu'il ne puisse faire.
Il peut tout faire.
   • 못하는 게 없는 사람 un homme à tout faire

수사의문문은 평서문으로

어떤 내용을 강조하기 위해서 우리는 의문문의 형식을 쓸 때가 있다. 이를 수사의문문이라고 한다. 물론 프랑스어에서도 수사의문문을 쓰지만, 상대적으로 한국어에 비해서는 그 사용 빈도가 적다. 그러므로 프랑스어로 표현할 때 굳이 수사의문문을 쓰려고 애쓰지 말고 다소 밋밋하게 느껴질 수 있겠지만 평서문을 쓰도록 하는 것이 좋다.

제가 더 무엇을 바라겠습니까? → 평생 더 필요한 게 없습니다.
Qu'est-ce qu'il me faudrait de plus dans la vie ?
De quoi aurais-je besoin dans la vie ?
Il n'y a rien de plus dans la vie.

내가 왜 진작에 그 생각을 못했을까? → 더 일찍 생각했어야 하는 건데.
Pourquoi n'y avais-je pas pensé plus tôt ?
J'aurais dû y penser plus tôt.

내가 왜 거기를 안 갔지? / 내가 거기를 갔어야 했는데.
Pourquoi n'y suis-je pas allé(e) ?
J'aurais dû peut-être y aller.

왜 진작 얘기하지 않았어? → 너는 내게 거기에 대해 더 일찍 말했어야 해.
Pourquoi ne m'en as-tu pas parlé plus tôt ?
Tu aurais dû (me le dire / m'en parler) plus tôt.

그걸 누가 못해? → 누구나 그걸 할 수 있어.
Qui ne peut pas le faire ?
N'importe qui peut le faire.

너 왜 (나한테) 그런 식으로 말하니? → 그런 식으로 말하지 마세요.

Pourquoi tu me parles comme ça ?

Pourquoi tu me parles de cette (façon / manière / sorte) ?

Ne le dis pas comme ça.

이거 어디 한 두 번 하나요? → 나는 그것을 아주 자주 해요.

Je le fais très souvent.

J'ai l'habitude.

- '처음 하는 시도가 아니다'라는 뜻의 'n'en est pas à son premier coup d'essai'도 많이 쓰인다. 예를 들어 다음과 같이 쓴다.
  Je n'en suis pas à mon premier essai.

돈 없이 되는 일이 있나요? → 돈 없이는 어느 것도 할 수 없죠.

Y a-t-il quelque chose que l'on peut faire sans argent ?

On ne peut rien faire sans argent.

Rien ne peut se faire sans argent.

Il n'y a rien que l'on peut faire sans argent.

돈으로 못 사는 것은 없죠. → 모든 것은 돈으로 사지죠.

Il n'y a rien qu'on ne puisse acheter avec de l'argent.

Il n'y a rien que l'argent ne puisse acheter.

Tout s'achète avec de l'argent.

넌 도대체 못하는 게 뭐야? → 네가 못하는 것이 있어?

Est-ce qu'il y a (un truc / une chose) que tu ne (peux / sais) pas faire ?

4 접속사를 아끼자

왜 한국인은 접속사를 남발할까?

한국인은 프랑스어로 말할 때 '그래서', '그러나', '왜냐하면 …기 때문에' 따위의 표현을 나타내는 접속사들, 즉 'alors', 'mais', 'parce que' 따위의 접속사를 지나치게 자주 쓰는 경향이 있다. 한국어는 두 문장이 연결될 때 그 논리적 관계를 명시적이고 구체적으로 표현하기를 좋아하는 언어이기 때문이다. 이에 비해 프랑스어는, 전후 관계로 분명히 알 수 있는 논리관계는 굳이 표현하지 않는다.

예를 들어 다음 두 문장의 연결을 보면 우리말은 반드시 '그래서'를 필요로 한다. a)와 b)를 비교해 보라. a)는 몹시 어색하고 b)가 자연스럽다.

    a) ??제가 싱크대에 물병을 부딪쳤어요. 물병이 깨졌어요.
    b) 제가 싱크대에 물병을 부딪쳤어요. **그래서** 물병이 깨졌어요.

그러나 프랑스어는 다음에서 보듯이 굳이 접속사를 쓰지 않는 것이 보통이다.

    제가 싱크대에 컵을 부딪쳤어요. **그래서** 컵이 깨졌어요.
    J'ai cogné la carafe contre l'évier. Elle s'est cassée.

물론 '그래서'를 뜻하는 'alors'나 'donc' 따위를 쓸 수는 있다.

    J'ai cogné la carafe contre l'évier. (**Alors / Donc**), elle s'est cassée.

그러나 이처럼 충분히 짐작할 수 있는 명백한 인과관계를 표현할 때는 alors나 donc 없이 표현하는 것이 자연스럽다는 점을 유념하는 것이 좋다.

목이 아파서 삼킬 수가 없어요.
J'ai mal à la gorge, je ne peux pas avaler.

살이 많이 쪄서, 그게 나한테 맞을 거야.
J'ai pris beaucoup de poids, ça me conviendra.

니가 방을 어질러 놨으니까 니가 치워.
C'est toi qui as mis la chambre en désordre, c'est toi qui vas la ranger.

소음이 너무 많아서 네 말이 안 들려.
Il y a trop de bruit. Je ne vous entends pas.

이 칼라는 너무 좁아서 목이 불편해.
Ce col est trop étroit, ça me gêne au cou.

이유를 나타낼 때도 마찬가지이다. parce que를 쓸 수 있으나 굳이 안 써도 알 수 있을 때는 생략한다.

숙취가 있어요, 술을 너무 마셨거든요.
J'ai une gueule de bois, j'ai trop bu.
J'ai mal aux cheveux, j'ai trop bu.

머리가 어지러워요, 술을 너무 마셨거든요.
J'ai la tête qui tourne, j'ai trop bu.

그 사람들 정말 불쌍한 사람들이야, 자유가 없거든.
Ils sont bien à plaindre, ils n'ont pas de liberté.

그건 지도에 안 나와요. 아주 작은 마을이거든요.

Ça ne se trouve pas sur la carte, c'est un tout petit patelin.

어제 수영을 너무 오래 했더니, 피곤했나봐요.

J'ai nagé trop longtemps hier. Je devais être fatigué.

여기 들어오실 수 없습니다. 회원만 들어오실 수 있거든요.

Vous ne pouvez pas entrer ici ! C'est réservé aux membres !

그 사람이 그 서류를 훔쳤을 리가 없어요. 밤새 저와 함께 여기 있었거든요.

Il ne peut pas avoir volé les documents, il était ici avec moi toute la nuit.

2층으로 올라가시죠. 거기가 덜 붐빌 테니까요.

On va monter au premier étage. Il y aura moins de monde.

담배를 줄여요. 금방 기분이 좋아질테니까.

Réduisez votre consommation de tabac. Vous vous sentirez mieux en un rien de temps.

그만 먹어야겠어요, 살이 엄청 찌고 있거든요.

Il faut que j'arrête de manger, je grossis à vue d'œil.

우리말의 어미 '...는데'는 다양한 의미를 나타내는데, 많은 경우 프랑스어에서는 이를 표현하지 않고 직접 연결한다.

그 동네에 셋방이 하나 났다는데, 한 번 가 보자.

On dit qu'il y a une chambre à louer dans ce quartier, allons-y.

너, 머리 모양 좀 고쳐야[만져야]겠다. 머리 모양이 헝클어졌어.

Je pense qu'il te faut (replacer / arranger) un peu votre coiffure. Ta coiffure est défaite.

자, 이제 기본 접속사를 아끼는 요령을 터득했으니, 연습을 해 보자. 프랑스인이 길을 물어올 때, 다음과 같이 대답한다고 하자. 어떻게 프랑스어로 말하겠는가?

똑바로 가시다가 첫번째 사거리에서 오른 쪽으로 꺾으세요. 그런 다음에 50미터쯤 계속 가시면 언덕이 보여요. 언덕을 오르면 상점이 나오는데요, 바로 그 옆이에요.

Vous allez tout droit, (et) vous tournez à droite au premier carrefour. Vous continuez environ 50 mètres, (et) là vous verrez une pente. Vous montez, (et) vous tomberez sur un magasin. C'est juste à côté.

3장
표현의 포괄성 vs 구체성

주제중심 언어인 한국어는 화자가 전제되는 반면에 프랑스어에서는 화자가 전제되어 있지 않으므로 세상을 보고 묘사하는 방식에 많은 차이가 나타난다.

한국어는 화자 입장에서 현상을 포착한다. 즉 한국어 문장은 화자의 눈에 비친 세상을 묘사하므로 구체적으로 표현하는 것을 추구하게 된다. 반면에 프랑스어 문장은 화자를 전제하지 않기 때문에 사태를 객관적으로 묘사하고 논리적으로 재현하는 것을 추구하게 된다. 따라서 한국어와 달리, 똑 같은 상황을 보다 포괄적으로 표현하게 된다. 그것으로 충분하기 때문이다.

이로 인해, 우리말로는 다양한 동사로 나타내는 행위를 프랑스어에서는 하나의 동사를 통해 포괄적으로 표현하는 경우가 많다. 예를 들어, 아침에 일어나서 칫솔에 치약을 **묻혀서** 이를 닦고, 우유를 컵에 **따르고**, 빵에 버터를 **바르고**, 수프에 후추를 **치고**, 가방 속에 서류 뭉치를 **넣고**…. 이처럼 우리말에서는 서로 다른 단어들로 표현되는 행위들이 프랑스어에서는 mettre라는 동사 하나로 표현된다. 그러니까 우리말에서는 다 다른 행위로 보지만, 프랑스어에서는 다 하나의 행위, 즉 물건을 이동시키는 하나의 동작으로 보는 것이다. 그렇게 개념화하고 있는 것이다. 마찬가지로 물건을 신체 부위로 이동하는 경우, (머리에) 이고, (어깨에) 메고, (등에) 지고, (허리에) 차는 등 구체적인 다양한 동사로 표현하는 우리말과 달리 프랑스어에서는 단 하나의 동사 mettre로 표현한다. 또 '(옷을) 입다, (양말을) 신다, (안경을) 끼다' 등도 우리말에서는 다 다른 동사를 쓰지만, 프랑스어에서는 mettre 하나로 표현한다.

이처럼 프랑스어에서 포괄적으로 표현한다는 점을 모르고 우리말 동사에 해당하는 프랑스어 동사를 찾아 헤맨다면 결국 표현에 실패하게 되고 괜히 프랑스어가 어렵다는 푸념만 늘어놓게 되는 것이다.

물론 학습의 관점에서 보면, 모국어에서는 하나의 단어로 표현하는 개념이 외국어에서는 여러 단어로 표현되는 경우 배우기가 더욱 어렵다. 예를 들어 우리말에서는 하나의 단어인 '알다'가 프랑스어에서는 connaître와 savoir로 나누어져 있기에 어느 것을 써야 할지 매순간 어려움을 겪을 수 있다. 의미는 같아도 용법에 있어 차이를 보이기 때문에 신경을 써야 하기 때문이다.

반대로 모국어에서는 여러 단어로 표현되는 것이 외국어에서는 하나의 단어로 표현되는 경우에는 이에 비하면 상대적으로 덜 어렵다. 위에서 이야기한 경우처럼, 우리말에서는 물건을 이동시키는 데 사용되는 다양한 동사들이 프랑스어에서는 mettre라는 하나의 동사로 쓰이는 경우가 그러하다.

그러나 이것도 결코 쉽다고 할 수 없다. 우리말처럼 각각의 개념에 대응되는 별도의 단어가 있을 것이라는 고정관념이 지배하고 있기 때문이다. 그래서 '묻히다'를 프랑스어로 표현할 때 이에 대응하는 별도의 단어가 있을 것으로 생각하고 "'묻히다'가 프랑스어로 뭐지?"라고 자문하는 바람에 프랑스어가 어려워지는 것이다.

이제 이처럼 한국어에서는 여러 단어로 표현되는데 반해 프랑스어에서는 포괄적인 의미를 가진 하나의 단어로 표현되는 경우들을 학습해 보자.

1. 행위의 포괄적 표현

1.1 사물의 이동 행위는 mettre로

어떤 물건을 어디에 '놓다'나 '두다'라고 할 때 프랑스어로 'mettre'를 쓴다. 그러나, '갖다놓다', '올려놓다', '내려놓다'는 어떻게 표현할까? 이런 것들도 'mettre'를 쓰면 된다. 왜냐하면 이들은 모두 '물건을 어디로 옮긴다'라는 의미로 볼 수 있기 때문이다. 그래서 하나의 행위로 개념화 될 수 있기 때문이다. 프랑스어는 이처럼 논리적으로 동일한 행위를 하나의 포괄적인 어휘로 개념화하는 경향이 많다.

반면에 한국어는 화자의 눈에 비치는 대로 묘사하기 때문에, 논리적으로는 하나의 행위로 볼 수 있지만, 상황에 따라 다르게 비칠 수 있는 구체적인 행위로 묘사하기를 즐긴다. 그래서 서로 다른 여러 단어로 구분하여 표현하는 것이다.

이처럼 한국어에서는 물건을 옮긴다는 사실에 만족하지 않고, 이동시키는 방식에 따라 다양하게 개념화 하고 있다. 예를 들어 '넣다', '걸다', '달다', '붙이다', '끼우다' 등등이 있는데, 프랑스어는 이런 식의 구체적 양상을 표현하지 않는 언어다. 이런 모든 경우에 그저 'mettre' 하나면 된다.

프랑스어에서 이처럼 mettre 동사만으로도 충분히 우리말의 다양한 동사가 나타내는 의미를 표현할 수 있는 또 다른 이유는, mettre와 함께 쓰이는 전치사에 그 의미가 이미 포함되어 있기 때문이다. 예를 들어 '~안에'를 뜻하는 dans이 함께 쓰이면 '넣다'의 의미가 실현되고, '~위에'를 뜻하는 sur가 오면 '~올리다'의 의미가 실현되고 '~사이에'를 뜻하는 entre가 쓰이면 '끼우다'의 의미가 실현되는 것이다.

이러한 특성을 모르면 프랑스어로 표현하는 것이 몹시 어렵다. 그러나 이런 것을 알고 나면 무척 쉬운 것이 프랑스어다.

두다, 놓다, 갖다놓다 mettre, 올려놓다, 내려놓다 mettre

너 자 어디다 뒀니?

Où as-tu mis la règle ?

그건 내 책상 위에 (둬 / 놔 / 올려놔 / 내려놔).

Mets ça sur mon bureau.

이거 내 방에 갖다 놓으세요.

Mettez cela dans ma chambre.

이거 윗층의 방에 갖다놓으세요.

Mettez ça à la chambre en haut.

이 가방들 버스에 갖다 놓으세요.

Mettez ces bagages au bus.

뚜껑을 잘못 올려놨어요. / 뚜껑이 잘못 놓였어요.

Le couvercle n'est pas bien mis.

내 이름도 목록에 올려 줘요.

Mettez mon nom sur la liste.

대다 mettre, poser

손을 여기다 대세요.

(Mettez / Posez) les mains ici.

구어에서는 '넣다'를 구체적인 표현인 'insérer'로 하지 않는다. 이는 격식체이다.

넣다, 집어넣다, 갖다넣다 mettre

이거 호주머니에 넣어라.

Mets cela dans ta poche.

책을 상자 속에 넣지 그래요?

Pourquoi (ne) pas mettre les livres dans la boîte ?

이 고기, 냉장고에 좀 갖다넣어라.

Mets cette viande dans le (réfrigérateur / frigidaire).

열쇠를 자물쇠 속에 잘 집어넣어 봐.

Mets bien la clé dans la serrure.

저는 기름을 넣었어요.

J'ai mis de l'essence.

저금한 돈을 안전한 곳에 넣어 두어라.

Mets tes économies en un lieu sûr.

외출하면 우체통에 이 편지 좀 넣어 줄래?

Veux-tu mettre cette lettre dans la boite à lettres, quand tu sors ?

담다 mettre

그거, 바구니에 담으세요.

Mettez cela dans le pannier, s'il vous plaît !

남은 건 비닐 봉지에 담아.

Mettez ce qui reste dans le sac en plastique.

Mettez les restes dans le sac en plastique.

> • 비닐 봉지는 '플라스틱 봉지 sac en plastique'. 우리말에서는 부드러운 것은 '비닐'이라고 하고 딱딱한 것은 '플라스틱'이라고 구분하지만, 프랑스어에서는 구분하지 않고 모두 플라스틱이라 한다.

타다 mettre

전 커피에 각설탕 두 개 타요.

Je mets deux (morceaux de) sucre dans mon café.

커피에 우유를 타 줘.

Mets du lait dans mon café.

따르다 mettre

우유 좀 컵에 따라라.

Mets du lait dans la tasse.

치다 mettre

수프에 후추를 좀 더 치시지 그래요.

Pourquoi (ne) pas mettre plus de poivre dans votre soupe ?

소금을 너무 많이 쳤구나[넣었구나].

On a mis trop de sel.

걸다 mettre

이 그림, 벽에 좀 걸어 주세요.

Mettez ce tableau au mur.

달다 mettre

내 윗도리에 단추 좀 달아 줄래?

Veux-tu mettre un bouton à ma veste?

전등을 달아야겠군.

Il faudrait mettre une lampe.

붙이다 mettre

(그 소포에는) 2유로짜리 우표를 붙여야 됩니다.

Il faut mettre un timbre de deux euros (sur ce colis).

끼우다 mettre

이제 휠에 타이어를 끼울 거예요.

Maintenant je vais mettre ces pneus sur la roue.

이 책을 저 책들 사이에 끼워 넣으세요.

Mettez ce livre entre (eux / ceux-là).

바르다 mettre

마루에 왁스를 좀 발라야겠어요.

Il faudrait mettre de la cire sur le parquet.

저는 빵에 버터를 발라 먹어요.

Je met du beurre sur le pain.

묻히다 mettre

식탁보에 잉크를 묻히지 않도록 해라.

Ne mets pas d'encre sur la nappe.

칫솔에 치약을 묻히세요.

Mettez du dentifrice sur la brosse à dents.

감다 mettre

우선, 다친 사람한테 붕대를 감아 주세요.

D'abord, vous mettrez un pansement au blessé.

독립적인 표현들

만일 전치사구를 사용하지 않고 단지 '내려놓다'라든지 '올려놓다', 혹은 '(안에) 넣다', '(밖에) 내놓다'와 같은 행위를 표현하려면 어떻게 할까? 이때는 방향을 나타내는 부사(구)를 이용하면 된다. 예컨대 '내려놓다'는 '아래로'를 뜻하는 en bas를 추가하여 'mettre en bas'라고 하면 된다.

내리다, 내려놓다 mettre (en bas / dessous)

짐을 내립시다.

Mettons les bagages en bas.

그 책 책상 위에 내려놓으실래요?

Voudriez-vous mettre (en bas) le livre sur la table ?

그거 내려놔.

Mettez ça (en bas / dessous).

- 물건을 들고 내려간다는 의미로는 descendre를 쓴다.
  ex) 그거 지하실로 내려가라. Descendez-le au sous-sol.

올리다, 올려놓다 mettre (en haut / dessus)

그거 올려놔.

Mettez ça (en haut / dessus).

(안에) 넣다 mettre dedans

그거 그 안에 넣어.

Mettez ça dedans.

(밖에) 내놓다 mettre dehors

그거 밖에 내놔.

Mettez ça dehors.

의자들을 밖에 내놓으세요.

Mettez ces chaises dehors !

이 '내놓다'와 비슷한 말로 '꺼내다'가 있다. 이때 mettre dehors 대신 sortir를 쓸 수 있다.

꺼내다 sortir

의자들을 밖으로 꺼내세요.

Sortez ces chaises !

호주머니에서 열쇠를 꺼내고 있어요.

Je sors la clé de ma poche.

그것을 서랍에서 꺼냈어요.

Je l'ai sorti du tiroir.

가방에서 책을 전부 꺼내세요.

Sortez tous les livres de votre sac.

☞ *제거하는 행위는 retirer, enlever로*

지금까지 살펴본 어떤 장소로 물건을 이동시키는 동작과 반대로, 어떤 장소로부터 물건을 분리시켜 제거하는 동작들은 어떻게 나타낼까? 여기서도 마찬가지로 우리말은 각각의 구체적 양상에 따라 '들어내다, 빼다, 빼내다, 덜어내다, 치우다, 떼다' 등의 다양한 동사들을 써서 나타내는 반면, 프랑스어에서는 포괄적인 동사 retirer(또는 enlever)로 표현한다.

들어내다 retirer, enlever

우리는 창고에서 재고품을 들어냈다.

Nous avons retiré le stock de l'entrepôt.

그는 생선의 배를 가르고 내장을 들어낸다.

Il ouvre le ventre du poisson et en retire les entrailles.

그는 생선을 다듬었다.

Il a (évidé / vidé) le poisson.

- '생선의 배를 가르고 내장을 들어내는 행위를 한국어에서는 '다듬다'로 나타내고 프랑스어에서는 évider 혹은 vider로 표현한다.

방에서 잡동사니들을 들어내세요.

Enlevez le bric-à-brac de la pièce.

빼다 retirer

자물통에서 열쇠를 빼라.

(Retire / Enlève) la clé de la serrure.

- 이때 단지 자물통에서 열쇠를 제거하는 것이 목적이 아니라 그 열쇠를 쓸 목적에 주안점을 둔다면 Sors 도 쓸 수 있다.
  Sors la clé de la serrure.

판자의 못을 빼야 해요.

Il faut retirer les clous de la planche.

그는 자기 손을 (내 손에서) 얼른 뺐다

Il a vite retiré sa main (de la mienne).

현금인출기에서 돈을 빼실 수 있어요.

Vous pouvez retirer de l'argent au distributeur automatique de billets.

빼내다 retirer, enlever

의사가 내 손에서 가시를 빼내 주었다.

Le médecin m'a enlevé une épine de la main.

((비유적)) 네가 내 손의 가시를 빼내주는구나.(골칫덩이를 해결해 주는구나)

Tu m'enlèves une épine de la main.

썩은 사과를 빼내세요

Enlevez les pommes pourries.

덜어내다 retirer, enlever

봉지에서 설탕을 좀 덜어내라.

Tu vas (retirer / enlever) du sucre du sachet.

냄비 따위를 불에서 내려놓는다고 할 때도 일종의 이격 행위이므로 retirer를 쓴다.

(냄비를) 내려놓다 retirer

냄비를 불에서 내려놓아라.

Retirez (le pot / la marmite / la casserole) du feu.

나아가 어떤 장소에서 어떤 물건을 제거한다고 할 때, 즉 '치우다'를 표현하려면 enlever를 쓴다.

치우다 enlever, retirer

네 장난감 좀 치워라.

Enlève tes jouets. / Mets tes jouets de côté.

- '네 장난감을 정리해라.'는 뜻으로 말할 때는 'Range tes jouets.'라고 하면 된다.

그거 좀 치워요.

Enlevez ça.

손 좀 치워요.

Enlevez vos mains.

접시 좀 치워 주세요.

(Enlevez / Retirez / Ôtez) les assiettes, s'il vous plaît !

- '접시를 좀 정리해 주시겠어요?'라는 의미라면 "Merci de ranger la vaisselle."라고 하면 된다.

왜 의자를 (가져가시는 / 치우시는) 거예요?

Pourquoi (enlèves-tu / emportes-tu) les chaises?

떼다 enlever, retirer

가격표를 떼 주세요.

Veuillez enlever l'étiquette.

포스터 떼지 마세요.

N'enlevez pas l'affiche, s'il vous plaît.
Ne (retirez / décollez) pas l'affiche, s'il vous plaît.

단순한 물건만의 이동이 아니라 그 이동에 사람이 함께한다는 뜻일 때, 예컨대 '가져가다'와 '가져오다'와 같은 행위에는 별도의 동사인 emporter와 apporter를 쓴다.

'가져가다'는 emporter, '가져오다'는 apporter

(물건을) 가져가다 emporter

너 뉴욕에 뭐 가져갈거니?

Qu'est-ce que tu vas (emporter / emmener) à New York ?

나 그거 거기에 가져갈 거야.

Je vais (l'emporter / le prendre) pour là-bas.

우산을 가져 가지 그러니?

Pourquoi (ne) pas (emporter / prendre) ton parapluie ?

물건을 '가져오다' 혹은 '갖다주다'라고 할 때는 apporter를 쓴다.

(물건을) 가져오다, 갖다주다 apporter

그가 파티에 와인을 가져왔어요.

Il a apporté du vin à la soirée.

내 자켓 좀 갖다 줄래?

Apportez-moi ma veste s'il vous plaît.

이 꽃을 그 여자한테 갖다줘.

Apporte-lui ces fleurs.

사람을 이동시키는 것도 mettre로

사물뿐 아니라 사람을 이동시켜 주는 행위에도 포괄적인 동사 mettre를 쓴다.

앉히다, 눕히다 mettre

아이를 의자에 앉히세요.

Mettez l'enfant sur la chaise.

이 아이 침대에 눕히게 좀 도와 줄래?

Tu m'aides à le (mettre / porter) sur le lit ?

넣다 mettre

딸애를 기숙사에 넣어 주었어.

J'ai mis ma fille en pension.

새로 온 사람들은 8호실에 넣으세요.

Mettez les nouveaux venus à la chambre n° 8.

그 사람들 (밖에) 내쫓아야 겠어. / 그 사람들 해고시켜야 겠어.

Il faudra les mettre dehors.

그러나 이동의 과정에 사람이 함께한다는 의미의 동사, 예를 들어 '데려오다'나 '데려가다'에 대해서는 구체적인 동사 amener와 emmener를 쓴다.

(사람을) 데려오다, 데려다주다 amener

저녁 먹을 때 친구들 좀 데려와도 되나요?

Est-ce que je peux amener des amis à dîner ?

(공항 / 병원)에 데려다 주세요.

(Amenez-moi / Conduisez-moi) à l'aéroport.

이 주소로 데려다 주세요.

Amenez-moi à cette adresse.

(사람을) 데려가다, 데리고가다 emmener

나도 데려가요.

Emmenez-moi (avec vous).

1.2 몸에서 물건을 이동하는 행위도 mettre로

몸에서 물건을 이동하는 행위는 mettre와 prendre로

물건을 이동시키는데 그 도착 지점이 (손, 팔, 어깨, 머리와 같은) 신체부위인 행위가 있다.

이때 우리말은 그 유형에 따라 매우 구체적으로, 다양하게 표현하는데, 앞서 말한 대로, 우리말은 행위를 구체적으로 표현하기를 좋아하는 언어이기 때문이다. 그래서, 손에는 '들고', 가슴에는 '안고', 머리에는 '이고', 어깨에는 '메고', 등에는 '지고', 허리에는 '차거나 두른다'고 한다.

반면에 프랑스어에서는, 이 모든 행위를 포괄적인 의미를 뜻하는 동사인 'mettre'와 'prendre'로 표현한다. 손과 팔을 이용하는 행위인 '들다'와 '안다'에는 'prendre'를 쓰고, 나머지 동작에는 'mettre'를 쓰는 것이다.

☞ 이고, 지고, 메고, 차고, 두르고 ⇒ mettre
☞ 들고, 안고 ⇒ prendre

들다 prendre

이거 (손에) 들어.

Prends ça (dans la main).

이거 한 손으로 들 수 있니?

Est-ce que tu peux prendre ça d'une main ?

그거[이거] 들어.

Prends ça (pour) un instant.

참고로 들고 있다고 하는 지속적인 행위에 대해서는 tenir나 garder를 쓰는 것에 유의하기 바란다.

이거 들고 있어.

Tenez-(le / la)-moi. / Gardez-(le / la) un instant.

안다 prendre

뭘 그렇게 가슴에[팔에] 안고 있어요?

Qu'est-ce que vous avez dans les bras ?

나는 그녀를 안았다.

Je l'ai prise dans mes bras.

꼭 안아줘요.

Prends-moi dans tes bras.

Serrez-moi (fort).

- serrer는 남녀간의 포옹을 가리키는 경우가 많다. 반대로 반가움이나 환영의 의미로 '얼싸 안다'는 'donner une accolade à qqn'을 쓴다.
  나는 그(녀)를 얼싸안았다. Je lui ai donné une accolade.

(머리에) 이다 mettre

너, 이거, 머리에 이는 게 낫겠다.

Tu ferais mieux de le mettre sur la tête.

(Il vaut mieux / Il vaudrait mieux) le mettre sur la tête.

Ce serait mieux de le mettre sur la tête.

(어깨에) 메다 mettre

이 가방 (어깨에) 메라.

Mets ce cartable (sur les épaules).

이 배낭, 등에 메라.

Mets ce sac sur le dos.

(등에) 지다 mettre

이거, 등에 져라.

Mets cela sur le dos.

물건을 지니고 이동하면 porter로

'이다', '메다', '지다'와 같은 동작을 하면서 이동하는 행위, 즉 물건을 몸에 지니고 이동하는 행위 역시 한국어에서는 '~고 가다'로 표현한다. 그러니까 '(머리에) 이고 가다', '(어깨에) 메다고 가다', '(등에) 지고 가다' 등의 형식이 된다. 그러나 프랑스어에서는 이들이 모두 하나의 포괄적인 동사 porter로 표현된다.

너, 이거, 머리에 (이는 / 이고 가는) 게 낫겠다.
Tu ferais mieux de le porter sur la tête.

옛날에는 여자들이 물동이를 머리에 (이었습니다 / 이고 다녔습니다).
Autrefois, les femmes portaient des pots d'eau sur la tête.

이 가방 (어깨에) (메라 / 메고 가라).
Portez ce sac (sur l'épaule).

이거, 등에 (져라 / 지고 가라).
Portez ceci sur le dos.

신체부위를 이동시키는 동작은 mettre로

신체 부위 자체를 이동하는 동작의 경우도 마찬가지로 한국어에서는 구체적인 행위를 묘사하는 다양한 동사로 표현한다. 예를 들어 가슴에 손을 '얹는다'든지 입에 손가락을 '넣는다'든지 하는 동작을 말하는데, 이런 동작들도 한국어는 구체적으로 묘사하기 때문에 다양한 동사를 이용하여 표현한다. 반면에, 프랑스어에서는 이 모든 동작에 대해 포괄적인 표현인 mettre로 묘사한다.

손가락을 입에 넣으면 안 된다.
Il ne faut pas mettre le doigt dans la bouche.

손을 가슴에 얹으세요.
Mettez la main sur la poitrine.

그는 턱에 손가락을 대었다.
Il a mis le doigt sur le menton.

손가락을 턱에다 대 보세요.
Mettez un doigt sur le menton.

(경찰이 범인에게) 양 손 뒤로 해!
Mettez vos mains derrière le dos !

그 남자가 내 어깨 위에 손을 올려놓았어요.
Il a mis sa main sur mon épaule.

그는 산책할 때 뒷짐을 지는 버릇이 있어요.
Il a l'habitude de mettre les mains derrière le dos quand il se promène.

그러나 손을 들고 내리거나 고개를 들고 내리는 동작만큼은 구체적인 동작을 나타내는 lever와 baisser를 쓴다.

답을 아는 사람은 손을 드세요.

Si vous connaissez la réponse, veuillez lever la main.

그 친구한테 내가 여기 있다는 걸 알려 주려고 손을 들었어요.

J'ai levé la main pour lui faire savoir que j'étais (ici / là).

((두 손 모두)) 손 들어(요)!

Levez les mains ! / (강압적) Haut les mains ! / Mettez les mains en l'air.

손 내리세요.

(한 손을) Baissez la main. / (두 손을) Baissez les mains.

고개를 드세요.

Levez la tête.

고개를 숙이세요.

Baissez la tête.

1.3 몸에 착용·패용하는 행위는 모두 mettre로

프랑스어에서는, 옷이건, 악세사리건, 무엇이건 우리 몸에 착용 내지 패용하는 행위는 'mettre' 동사 하나로 표현한다. 반면에 우리말에서는 그지없이 복잡하다. 옷을 '입다', 양말을 '신다', 장갑을 '끼다', 시계를 '차다', 반지를 '끼다' 등에서 볼 수 있듯이...

프랑스어가 포괄적으로 표현하고 우리말이 구체적으로 표현하는 것은 여기서도 마찬가지인 것이다.

착용·패용한 상태는 porter로

한 가지 주의해야 할 것은, 「착용·패용하는 행위」와 「착용·패용한 상태」를 구분해야 한다는 것이다. 「행위」는 'mettre'로 쓰는 반면, 「상태」는 'porter'를 쓰는 것이다. 예를 들어, 다음에서 a)는 입는 행위를 뜻하는 반면에, b)는 입은 상태를 나타내고 있다.

a) 더운데 반바지 입어! [입는 행위]
b) 그 친구는 반바지를 (입었어 / 입고 있어). [입은 상태]

따라서 이들 각각을 프랑스어로 옮기면 다음과 같다.

a) **Mets** un short, puisqu'il fait chaud.
b) Il[Elle] **porte** un short.

자, 이제부터 학습해 보자. 우선 '옷을 입는다'에 해당하는 표현들을 보자.

입다 mettre[행위], porter[상태]

상의를 입다 (mettre / porter) une veste
점퍼를 입다 (mettre / porter) un blouson

바지를 입다 (mettre / porter) un pantalon
짧은 치마를 입다 (mettre / porter) une jupe courte
팬티를 입다 (mettre / porter) un slip
조끼를 입다 (mettre / porter) un gilet
겨울 외투를 입다 (mettre / porter) un pardessus d'hiver

따뜻한 옷을 입어라.
Mettez un vêtement chaud.

그 사람은 항상 똑 같은 셔츠를 입고 있어.
Il porte toujours la même chemise.

우리는 학교에서 교복을 입어요.
Nous portons un uniforme à l'école.

그 남자는 유니폼 위에 낡은 코트를 입고 있었어요.
Il portait un vieux manteau par-dessus son uniforme.

'옷' 이외의 액세서리의 경우를 살펴보자.

쓰다 mettre[행위], porter[상태]
(모자를 / 헬멧을) 쓰다 (mettre / porter) (un chapeau / un casque)
안경을 쓰다 (mettre / porter) des lunettes
마스크를 쓰다 (mettre / porter) un masque

신다 mettre[행위], porter[상태]
얇은 스타킹을 신다 (mettre / porter) des bas fins
빨간색 양말을 신다 (mettre / porter) des chaussettes rouges
검정색 신발을 신다 (mettre / porter) des chaussures noires

차다 mettre[행위], porter[상태]

시계를 차다 (mettre / porter) une montre
완장을 차다 (mettre / porter) un brassard
허리에 칼을 차다 (mettre / porter) un canif à la taille

매다 mettre[행위], porter[상태]

넥타이를 매다 (mettre / porter) une cravate
허리띠를 매다 (mettre / porter) une ceinture

넥타이를 매야겠어.

Je dois mettre une cravate.

저는 넥타이를 안 매는데요.

Je ne porte jamais de cravate.

안전벨트 매세요.

Mettez votre ceinture de sécurité, s'il vous plaît !

끼다 mettre[행위], porter[상태]

안경을 끼다 (mettre / porter) des lunettes
콘택트 렌즈를 끼다 (mettre / porter) des lentilles de contact
반지를 끼다 (mettre / porter) une bague
팔지를 끼다 (mettre / porter) un bracelet
장갑을 끼다 (mettre / porter) des gants

오늘은 추우니 장갑을 껴라.

Mets tes gants, il fait froid aujourd'hui.

그녀는 밖에서는 대개 안경을 낍니다.

Elle porte généralement des lunettes à l'extérieur.

그녀는 손가락에 반지를 끼고 있었어요.
Elle portait une bague au doigt.

그 남자는 콧수염을 기르고 썬글라스를 끼고 있었어요.
Il avait une moustache et il portait des lunettes de soleil.

하다 mettre[행위], porter[상태]
귀걸이를 하다 (mettre / porter) des boucles d'oreilles
목걸이를 하다 (mettre / porter) un collier
멜빵을 하다 (mettre / porter) des bretelles
(목도리 / 스카프)를 하다 (mettre / porter) (une écharpe / un foulard)
- écharpe는 방한용의 두툼한 것을 말하고 foulard는 멋을 내기 위한 얇은 것을 가리킨다.

두르다 mettre[행위], porter[상태]
앞치마를 두르다 (mettre / porter) un tablier
전대를 두르다 (mettre / porter) une banane

달다 mettre[행위], porter[상태]
훈장을 달다 (mettre / porter) une décoration
이름표를 달다 (mettre / porter) un badge
머리핀을 달다 (mettre / porter) (une barette / une épingle à cheveux)

가슴에 이름표를 다세요.
Mettez votre badge sur la poitrine.

꽂다 mettre
이 머리핀을 (머리에) 꽂아 봐.
Pourquoi (ne) pas mettre cette épingle à cheveux ?

심지어 향수 따위를 '뿌리다'도 mettre와 porter로 표현한다.

뿌리다 mettre[행위], porter[상태]

저는 외출하기 전에 항상 향수를 뿌려요.

Je mets du parfum avant de sortir.

로션이나 립스틱을 '바르다'에도 mettre와 porter를 쓴다.

바르다 mettre

선크림을 바르세요.

Mettez de la crème solaire.

그 여자는 립스틱을 너무 진하게 발랐어요.

Elle porte un rouge à lèvres trop foncé.

얼굴에 로션을 발랐어?

Tu as mis de la lotion sur ton visage ?

• mettre 대신 appliquer를 쓸 수 있다.

연고 발랐니?

Tu as (mis / appliqué) de la pommade ?

'화장'에도 mettre와 porter를 쓸 수 있다.

그녀는 화장을 안 해요.

Elle ne porte pas de maquillage.

• 행위 의미로 'Elle ne se maquille pas.'라고 할 수도 있다.

그녀는 화장을 너무 짙게 해요.

Elle porte trop de maquillage. [상태]

• 행위 의미로 'Elle se maquille trop.'라고 할 수도 있다.

'벗다', '빼다', '풀다' 따위는 enlever로

착용·패용의 반대인 '벗다', '빼다', '풀다' 따위의 다양한 표현은 프랑스어에서 모두 enlever 하나로 표현된다.

외투를 벗으시겠어요?
Voudriez-vous enlever votre manteau ?

모자를 벗고 (그에게 / 그녀에게) 인사를 드렸지요.
J'ai enlevé mon chapeau en (le / la) saluant.

반지 좀 뺄게요.
Je vais enlever ma bague.

드레스를 벗고 좀 더 편한 옷으로 갈아 입어야겠어요.
J'enlève ma robe pour mettre quelque chose de plus confortable.

이 신발은 너무 꽉 끼어요. 벗어야겠어요.
Les chaussures sont trop serrées, je vais donc les enlever.

신발을 벗어야 되나요?
Devrais-je enlever mes chaussures ?

저 화장 좀 지워야겠어요.
J'ai besoin d'enlever mon maquillage.

'갈아입다', '갈아쓰다', '갈아신다' 따위는 changer로

'갈아입다', '갈아쓰다', '갈아신다' 따위도 'changer de' 하나로 표현한다.

바지를 갈아입다 changer de pantalon
양말을 갈아신다 changer de chaussettes
신발을 갈아신다 changer de chaussures

옷 갈아입고 올게.
Je changerai de vêtement.

1.4 기타 행위의 포괄적 표현

여기서는 프랑스어가 기타 여러 가지 행위를 포괄적인 동사 하나로 표현하는 경우를 살펴보자.

악기 연주는 모두 jouer로

☞ *연주하다, 치다, 켜다, 불다 ... → jouer du[de la]*

피아노를 치다 jouer du piano
기타를 치다 jouer de la guitare
바이올린을 켜다 jouer du violon
트럼펫을 불다 jouer de la trompette
플룻을 불다 jouer de la flûte

그 여자, 피아노를 잘 쳐요.
= Elle joue bien du piano.

그 애는 여섯 살 때부터 바이올린을 켰어요.
Il[Elle] joue du violon depuis l'âge de six ans.

운동, 게임은 jouer 로

☞ *하다, 치다, 타다... → jouer au[à la]*

테니스를 (하다 / 치다) jouer au tennis
골프를 (하다 / 치다) jouer au golf
야구를 하다 jouer au base-ball
농구를 하다 jouer au basket(-ball)

3장 표현의 포괄성 vs 구체성

테니스를 (하다 / 치다) jouer au tennis
배구를 하다 jouer au volley
바둑을 두다 jouer au go
카드놀이를 하다 jouer aux cartes

우리 배구 하자.

On va jouer au volley.

이 스포츠 센터에서는 테니스를 매일 칠 수 있어요.

Dans ce centre sportif, on peut jouer au tennis tous les jours.

그 애들하고 한 게임 하자.

Pourquoi pas jouer un match contre eux ?

바둑 둘 줄 아세요?

Pouvez-vous jouer au go ?

우린 일요일마다 카드를 치곤 했어.

Nous jouions aux cartes tous les dimanches.

개방하는 행위는 ouvrir로

☞ 열다, 펴다, 뜨다, 따다... → *ouvrir*

'문을 열다, 눈을 뜨다, 우산을 펴다, 계좌를 트다' 등과 같이 막히거나 접혀 있던 공간을 개방하는 모든 행위를 프랑스어에서는 ouvrir 하나로 표현한다.

문[창문]을 열다 ouvrir une porte [une fenêtre]

창문을 열어요.

Ouvrez la fenêtre !

가방을 열다 ouvrir un sac

가방 좀 열어 보시겠어요?

Voudriez-vous ouvrir votre sac ?

눈을 뜨다 ouvrir les yeux

이제 눈을 뜨세요.

Maintenant, ouvrez les yeux.

입을 벌리다 ouvrir la bouche

입을 벌리고 '아' 해보세요.

Ouvrez la bouche et dites 'Ah'.

책을 펴다 ouvrir un livre

책 40 페이지를 펴세요.

Ouvrez votre livre à la page 40.

편지[봉투]를 뜯다[열다] ouvrir une lettre [une enveloppe]

편지를 뜯어 읽어 보세요.

Ouvrez la lettre et lisez-la.

병을 따다 ouvrir une bouteille

한 병 더 딸까요?

Est-ce que j'ouvre une autre bouteille ?

우산[낙하산]을 펴다 ouvrir un parapluie [un parachute]

1500미터에서 낙하산을 펴세요.

A 1500 mètres vous ouvrez votre parachute.

계좌를 트다[개설하다] ouvrir un compte bancaire

은행계좌를 트는 데는 1유로면 돼요.

Vous n'avez besoin que d'un euro pour ouvrir un compte bancaire.

가게를 열다 ouvrir un magasin

그 친구 내달에 서울에 가게를 낼 거야.

Il[Elle] ouvrira un magasin à Séoul le mois prochain.

무언가 창출할 때는 faire로

프랑스어에서는 무엇인가를 창출하는 것은 모두 faire로 표현할 수 있다. 특히 한국어의 경우 매우 구체적인 의미의 동사들로 표현하는 일부의 경우에는 이러한 포괄적 동사 faire로 옮기는 것이 의외로 쉽지 않다. 예를 들어 '조를 짜다', '친구를 사귀다', '돈을 벌다' 같은 경우 '짜다'와 '사귀다', '벌다'를 faire로 옮기는 것이 그러하다. 그러므로 이를 알아두는 것이 좋다.

(팀을 / 조를) 짜다 → (팀을 / 조를) 만들다

5명씩 조를 짜세요.

Faites un groupe de cinq membres.

너하고 한 팀을 하고 싶어.

J'aimerais faire équipe avec toi.

커피를 타다 → 커피를 만들다 faire du café

그녀가 제게 커피를 타주었어요.

Elle m'a fait du café.

다만 돈을 번다고 할 때는 faire 앞에 se를 앞세워 돈을 만든 뒤 자신이 가진다는 의미를 분명히 한다.

돈을 벌다 → 돈을 만들다 se faire de l'argent

돈을 벌거예요.

Je me ferai de l'argent.

돈을 벌 방법을 생각해 봐야죠.

On doit penser à des moyens de se faire de l'argent.

그는 한 달에 3천 유로를 벌어요.

Il (se fait / gagne) trois mille euros par mois.

'친구를 사귀다'에도 se를 넣는다.

친구를 사귀다 → 친구를 만들다 se faire des amis

그 친구는 친구 사귀는 데 재능이 있어요.

Il a un don pour se faire des amis.

사람을 찾는 행위는 demander로

사람을 구하거나, 찾거나, 찾아오거나, 부르거나, 면회를 오거나, 전화를 거는 모든 것을, (이렇게 구체적인 표현들을 사용하는 우리말과 달리) 프랑스어에서는 포괄적인 의미의 동사 demander 하나로 표현한다.

이 때 우리는 대개 'chercher'를 생각하게 되는데 이러면 프랑스어적인 표현이 안 된다.

사람을 찾다 demander

누구 찾으세요?

Allô, qui demandez-vous ?

어떤 아가씨가 널 찾아.

Il y a une jeune femme qui te demande.

• 다만 demander는 경우에 따라 애정 관계나 성적 관계를 뜻할 수 있으므로 주의해야 한다.

그 사람 계속 어머니를 찾고 있어요.

Il demande sans arrêt sa mère.

너 찾는 사람들이 많더라.

Il y avait beaucoup de gens qui te demandaient.

이 책 찾는 사람이 많데.

Il y avait beaucoup de monde qui demandaient ce livre.

사람을 찾아오다 demander

나 찾아온 사람 있었니?

Y avait-il quelqu'un qui me demandait ?

면회를 오다 demander

누가 너한테 면회 왔는데.

On vous demande.

전화가 오다 demander au téléphone

너한테 전화왔어.

On te demande au téléphone.

사람을 구하다 demander

우리 회사에는 여비서를 한 명 구합니다[모집합니다].

Notre compagnie (cherche / recherche / recrute) une secrétaire.

비서 구함.

Cherche secrétaire.

사람을 부르다 demander

사장님이 널 부르던데.

Le patron te demande. / Le patron veut te voir.

'달라고 하다'도 demander로

물건을 '달라고 하다'도 demander로 표현하면 된다.

방 두 개를 달라고 했지.

J'ai demandé deux chambres.

욕조 달린 방을 달라고 했지.

J'ai demandé une chambre avec baignoire.

잔돈 나머지를 달라고 하세요.

Demandez le reste de votre monnaie.

상대에게 행위를 촉구할 때는 'Allez-y.'로

상대에게 어떤 행위를 촉구할 때는 어느 상황에서라도 'Allez-y.'나 'Vas-y.'로 표현하면 된다. 물론 우리말은 그때 그때마다 구체적인 표현을 쓴다.

몇 가지 예를 보자.

상대에게 양보할 때 allez-y, vas-y

(어서 / 먼저) 하세요.

Allez-y ! / Vas-y !

- 보다 정중한 표현으로 다음과 같이 할 수 있다.
  S'il vous plaît !
  Je vous en prie !
  물론 "Après vous !"를 쓸 수도 있다.

상대에게 (하던) 일을 계속하라고 할 때 allez-y, vas-y

일 하세요. / 계속하세요.

Allez-y ! 혹은 Vas-y !

상대에게 전화를 받으라고 할 때 allez-y, vas-y

(전화) 받아 봐.

Allez-y ! 혹은 Vas-y !

(전화) 내가 받을게.

J'y vais.

상대에게 문을 열어주라고 할 때 allez-y, vas-y

(벨이 울릴 때) 나가 봐.

Allez-y ! 혹은 Vas-y !

(벨이 울릴 때) 내가 나갈게.

J'y vais.

2   상태의 포괄적 표현

앞서 행위를 나타내는 많은 경우 한국어에서는 구체적인 의미를 가지는 다양한 동사로 이를 표현하는 반면에 프랑스어에서는 포괄적인 의미를 가지는 하나의 동사로 표현하는 경향이 있음을 보았다. 이 같은 일은 상태를 나타내는 경우에도 똑 같이 일어난다. 상태를 나타낼 때도 프랑스어에서는 포괄적인 동사 하나로 표현을 하니 이를 학습해 보자.

2.1 '있다', '났다'는 'il y a'나 'avoir'로

☞ *났다, 생겼다* → *il y a, on a, nous avons*

한국어에서는 상태를 나타낼 때 가장 흔히 쓰이는 어휘가 '있다'이다. 즉 어떠어떠한 상태가 '있다'라고 표현하는 것이다. 예를 들어 "자국이 있다."의 '있다'가 그러하다. 여기에 대응되는 프랑스어 표현으로는 'il y a'(있다)나 'avoir'(갖고 있다)를 들 수 있다.

한편 '있다' 외에, 어떤 것이 발생함을 나타내는 '나다'도 상태를 나타낼 때 많이 쓰이는데, 다만 '난다'와 같은 현재형이 아니라 '나 있다'와 과거형 '났다'라는 형태로 쓰인다. 이 형태들이 행위의 결과 측면을 나타내기 때문이다. 예를 들어 "자국이 났다." 혹은 "자국이 나 있다."처럼 쓰인다.

자 이제 우리말의 '있다'나 '났다'('나 있다')를 프랑스어의 'il y a'(있다)나 'avoir'(갖고 있다)로 옮겨 보자.

이 쪽에 이리들이 지나간 발자국이 나 있어요. → 발자국이 있어요.

Il y a des traces de pas de loups ici.

우리 동네에 전세가 두 채가 났어요. → 두 채가 있어요.

Il y a deux maisons à louer dans notre village.

사고가 났어요. → 있었어요.

Il y a eu un accident.

저기 빈자리가 하나 났네. → 빈 자리가 하나 있네.

Il y a une place libre là-bas. / Voilà une place libre.

신문에 그 문제에 관한 재미있는 기사가 났어. → 기사가 있어.

Il y a un article intéressant sur ce problème dans le journal.

1면에 뭐가 났니? → 뭐가 있니?

Qu'est-ce qu'il y a à la Une ?

이번에는 avoir를 쓰는 경우이다.

차문에 긁힌 자국이 났어요. → 차문이 긁힌 자국을 갖고 있어요.

La voiture a une rayure sur la portière.

그 사람은 얼굴에 흉터가 났어요. → 그 사람은 얼굴에 흉터를 갖고 있어요.

Il (a / porte) une cicatrice sur le visage.

한편 '생겼다'나 '졌다'도 '났다'나 '나 있다'와 마찬가지로 상태를 나타내므로 그저 '있다'라고 생각하여 동일한 요령으로 옮기자.

치마(에 / 가) 얼룩이 (생겼어요 / 졌어요). → 얼룩이 있어요.

Il y a une tache sur la jupe.

La jupe a une tache.

물론 '결과'가 아니라 '행위'나 '사건' 자체를 표현하고자 할 때는 'il y a'나 'avoir'가 아닌 행위를 나타내는 다른 적절한 동사를 쓰면 된다.

빈 자리가 났습니다. [사건]

Une place (a été libérée / s'est libérée).

언제라도 빠리행 비행기에 좌석이 나면 알려 줘요. [사건]

Tenez-moi au courant, si jamais une place se libère dans le vol pour Paris.

잡지에 내 사진이 [얼굴이] 났어. [사건]

Ma photo[Mon visage] est parue dans un magazine.

이 문장을 내 사진이 게재된 상태를 나타내는 것으로 표현하려면 다음과 같이 'il y a'를 쓰면 된다.

잡지에 내 사진이 [얼굴이] 났어. [게재된 상태]

Il y a ma photo[mon visage] dans un magazine.

다음의 경우도 마찬가지이다.

Le Monde에 재미있는 기사가 났어.

Un article intéressant est paru dans Le Monde. [사건]

Il y a un article intéressant dans Le Monde. [게재된 상태]

2.2 사람이나 물건이 장소에 있는 상태는 모두 '있다'로

사람이나 물건이 어떤 장소에 있을 때 우리말은 구체적으로 묘사한다. 예를 들어 사람의 경우 어떤 장소에 서 있거나 앉아 있다는 식으로 표현한다. 그리고 사물의 경우 어떤 장소에 달려 있거나 걸려 있거나 담겨 있거나 끼어 있다는 식으로 표현한다. 그러나 프랑스어에서는 이 모든 상태에 대해 단지 '있다'로만 표현하는 경향이 있다. 그러니까 프랑스어는 어떤 장소에 존재한다는 논리적인 사실만을 포괄적으로 표현하는 데에 만족하는 것이다.

☞ *'서 있다', '앉아 있다'는 '있다'로*

너는 왜 문 앞에 서 있니? → 문 앞에 있니?
Pourquoi tu est devant la porte ?

저는 거리에 서 있었어요. → 저는 거리에 있었어요.
J'étais dans la rue.

저는 아홉 번째로 줄에 서 있어요.
Je suis (le / la) neuvième dans la ligne.

지금 줄 서 계신 거예요? → 줄 안에 있어요?
Vous êtes dans la ligne?

그 여자는 아직 자리에 앉아 있어. → 아직 자신의 자리에 있어.
Elle est encore à sa place.

수업이 시작되면 자리에 앉아 있으세요. → 자리에 있으세요.
Quand la classe commence, soyez à votre place s'il vous plaît.

제가 보니까 그가 차에 깔려 있었어요. → 그는 차 아래에 있었어요.
Quand je l'ai vu, il était sous la voiture.

☞ '달려 있다'도 '있다'로

우리말에서는 '달려 있다'라고 하는 것을 프랑스어에서는 굳이 구체적인 표현인 'être attaché', 'être accroché', 'être pendu'라고 하지 않고, 'il y a'나 'avoir'를 쓴다.

이 문에(는) 버튼이 달려 있어요. → 버튼이 있어요.
Il y a un bouton sur la porte.

이 문에(는) 튼튼한 자물쇠가 달려 있습니다. → 자물쇠가 있어요.
Il y a un solide verrouillage sur la porte.
La porte a un solide verrouillage.

나뭇가지에 배가 달려 있어요!
Il y a une poire dans la branche !

재킷에 단추가 안 달려 있잖아!
Il n'y a pas de bouton sur ma veste.

☞ '걸려 있다', '담겨 있다', '끼어 있다' 등도 '있다'로

당신의 모자는 저기 모자걸이에 걸려 있습니다.
Votre chapeau est accroché au porte-chapeau là-bas.

벽에 그림이 많이 걸려 있군요.
Il y a beaucoup de tableaux sur le mur.

사과가 바구니에 담겨 있는데요.

Il y a des pommes dans le pannier.

열쇠가 자물통[열쇠구멍]에 끼어 있잖아!

La clé est dans le trou de la serrure.

말굽에 자갈이 끼었어요.

Le cheval a un caillou dans son sabot.

책갈피 속에 사진들이 끼워져 있네.

Il y a des photos entre les pages du livre.

식탁보에 잉크가 묻어 있군.

Il y a de l'encre sur la nappe.

그건 탁자 위에 놓여 있잖아요!

Vous savez qu'il est sur la table!

☞ '뭐가 들어갔다' → '있다'

'뭐가 들어갔다'도 그저 '있다'로 표현한다. 즉 'il y a'나 'avoir'로 표현한다.

수프에 후추가 너무 많이 들어갔어요. → 너무 많은 후추가 있다.

Il y a trop de poivre dans la soupe.

샐러드에 식초가 덜 들어갔어요. → 식초가 덜 있다.

Il n'y a pas assez de vinaigre dans la salade.

카펫트에 때가[얼룩이] 묻었네. 누가 그랬어?

Il y a une tache sur le tapis. Qui a fait ça ?

'가리마를 탔다'도 상태이므로 'avoir'를 쓰면 그만이다.

그 사람은 오른 쪽에 가리마를 탔어요. → 가리마가 있어요.

Il (a / porte) la raie à droite.

☞ *날씨는 il y a로*

날씨를 표현하는 방법은 여러 가지가 있겠으나 날씨도 하나의 상태이므로 그저 '있다'고 하는, 즉 'il y a'를 쓰는 방법이 있다. 그리고 이런 표현은 매우 자주 쓰이는 표현이다.

해가 났군.

Il y a du soleil.

구름이 끼었어요.

Il y a des nuages.

여긴 비가 와요.

Il y a de la pluie.

여긴 눈이 와요.

Il y a de la neige.

바람이 부네.

Il y a du vent.

여기는 천둥이 치고 있어요.

Il y a du tonnerre ici.

밤새 번개가 쳤어요.

Il y a eu des éclairs toute la nuit.

내일은 해가 별로 안 날 거예요.

Il y aura peu de soleil demain.

해가 조금 났어.

Il y a un peu de soleil.

오후에는 구름이 좀 끼일 거예요.

Il y aura quelques nuages dans l'après-midi.

다음과 같은 경우도 'il y a'를 써서 포괄적으로 표현하는 요령을 기르면 나중에 유용하게 쓸 수 있겠다.

오늘은 파도가 세요. → 센 파도가 있어요.

Il y a de grosses vagues aujourd'hui.

2.3 사람이 몸 안에 물건을 갖고 있는 상태는 모두 '가지고 있다'(avoir)로

사람이 몸 안에 물건을 갖고 있는 상태는 모두 '가지고 있다'(avoir)로 표현하면 된다. 그러니까 프랑스어는 한국어처럼 메고 있는지, 들고 있는지, 쥐고 있는지, 안고 있는지 등의 구체적으로 표현하지 않는다. 따라서 이런 구체적인 표현이 있을 것으로 생각하고 이를 찾으려 하면 안 된다. 이런 행위들은 포괄적인 동사 avoir 하나로 표현한다는 것을 아는 것이 필요하다.

그 친구는 배낭을 (멨어 / 메고 있어).
Il[Elle] **a** un sac sur le dos.

그 남자는 어깨에 큰 짐을 메고 있어요.
Il porte un lourd fardeau sur les épaules.

그 남자는 손에 신문을 들고 있습니다.
Il a un journal dans la main.

손에 뭘 들고 계세요?
Qu'est-ce que vous avez dans la main ?

비도 안 오는데 왜 우산을 들고 있니?
Pourquoi tu as un parapluie sur toi alors qu'il ne pleut pas ?

강도가 손에 칼을 쥐고 있어요.
Le cambrioleur a un couteau dans sa main.

뭘 그렇게 가슴에[팔에] 안고 있어요?
Qu'est-ce que vous avez dans les bras ?

그 아가씨는 허리에 스카프를 두르고 있더군요.

La jeune fille avait un foulard autour de la taille.

그 군인은 권총을 허리띠에 차고 있었어요.

Le soldat avait un revolver à la ceinture.

- 프랑스어에서는 권총을 '허리'가 아니라 '혁대'에 찬다고 생각한다. 그래서 à la ceinture 라 한다.

그 남자는 담배를 손가락 사이에 끼고 있었어요.

Il avait une cigarette entre ses doigts.

그 아이는 입에 손가락을 넣고 있었어요.

L'enfant avait le doigt dans la bouche.

신체부위 내에 사물이 들어간 모든 상태도 '가지고 있다'(avoir)로

신체부위 안에 무언가가 들어갔다고 할 때도 프랑스어에서는 내가 그것을 갖고 있다(avoir)고 포괄적으로만 표현한다.

눈에 뭐가 들어갔어요.

J'ai quelque chose dans l'oeil.

신발에 모래가 들어갔어요.

J'ai du sable dans mes chaussures.

이 사이에 뭐가 끼었어요.

J'ai quelque chose entre les dents.

손바닥에 (나무) 가시가 박혔어요.

J'ai une épine dans la paume.

그렇다면 '뭐가 묻었다'는 어떻게 할까?

너, (얼굴에 / 입가에) 뭐가 묻었어.
Tu as quelque chose (sur le visage / à côté de la bouche).

3 전치사를 이용한 포괄적 표현

3.1 부사적 표현을 전치사로

우리말에서는 구체적인 의미를 갖는 부사적 성분이 프랑스어에서는 포괄적인 의미를 갖는 전치사 하나로 표현되는 것이 자연스러운 경우가 상당히 많다. 이런 것을 모르고 우리말 문장을 직역하려 하면 힘도 들뿐 아니라 기껏 꾸며 보아도 어색한 문장만 나온다. 이제 이런 것들을 살펴 보자.

가지고, 들고, 안고, 넣고'→「avec + 물건」

앞에서 살펴보았듯이, 우리말의, '들고', '안고', '이고', '메고', '지고', '차고', '두르고' 등, 물건을 신체 일부에 지니고 있는 상태를 프랑스어는 모두 '가지고 있다'고 한다. 즉 'avoir'를 쓴다. 그러면 이런 행위를 '하면서'라고 부사절로 할 때는 어떻게 해야 할까?

이 경우에도 간단하게 전치사 'avec' 하나로 표현하는 방법이 쓰인다.

가지고, 들고 avec 명사

신문을 들고 이리 오는 사람이 제 형입니다.

Celui qui arrive avec un journal est mon frère.

아빠는 우산 갖고[들고] 나가셨어요.

Papa est sorti avec son parapluie.

손에 들고[겨드랑이에 끼고] avec 명사 (dans la main / sous le bras)

그 남자가 손에 뭘 들고[겨드랑이에 뭘 끼고] 이리로 오고 있어요.

Il arrive avec quelque chose (dans la main / sous le bras).

가슴에 안고 avec 명사 dans les bras

엄마, 아빠가 선물을 한 아름 안고 오셨어요!

Maman, papa est rentré avec beaucoup de cadeaux dans les bras !

머리에 이고 avec 명사 sur la tête

웬 아주머니가 머리에 뭘 이고 버스에 올라타고 있어요.

Une dame monte dans le bus avec quelque chose sur la tête.

어깨에 메고 avec 명사 sur les épaules

초등학생이 어깨에 가방을 메고 걸어가고 있군.

Un écolier[Une écolière] marche avec le cartable sur les épaules.

등에 지고[메고] avec 명사 sur le dos

그 사람은 등에 짐을 지고 떠났어요.

Il est parti avec un fardeau sur le dos.

그 친구, 어제 배낭 메고 여행 떠났어요.

Il[Elle] est parti(e) en voyage avec le sac.

혁대에 차고 avec 명사 à la ceinture

경찰관 하나가 권총을 허리에 차고 검문을 하고 있어요.

Un agent de police fait un contrôle avec un revolver à la ceinture.

손가락을 입에 넣고, 손가락을 빨며 avec le doigt dans la bouche

그 아이가 손가락을 빨며 날 쳐다보더군요.

(Le garçon / La fille) me regardait avec le doigt dans la bouche.

뒷짐을 지고 avec les mains au dos

한 노인이 뒷짐을 지고 산책을 하고 있어요.

Un vieux se promène avec les mains au dos.

☞ *...하니까, ...하면, ...더라도 ⇒ avec + 명사*

한국어에서 부사절, 그러니까 '...하니까(이유), ...하면(조건), ...더라도(양보)' 등이 프랑스어에서는 전치사 'avec' 하나로 표현하는 것이 자연스러운 경우가 많다. 물론 전치사이므로 그 앞에 동사는 쓸 필요가 없고 단지 명사만 쓰면 그만이다.

예를 들어 '너 그 모자 쓰니까 멋있다, 야!'라고 할 때, '모자를 쓰니까'를 'parce que tu portes ce chapeau-là'라는 식으로 표현할 필요가 없다. 그냥 'avec ce chapeau-là'(그 모자와 함께)라고만 하면 되는 것이다. 그리고 이것이야말로 프랑스어다운 표현이다.

먼저 '...니까'와 같이 이유를 표현할 때 「avec + 명사」를 써 보자.

너 그 모자 쓰니까 멋있다, 야! → 그 모자와 함께

Tu as l'air très chic avec ce chapeau-là !

(피부를) 태우니까 보기 좋구나! → 썬탠과 함께

Tu as l'air bien avec ton bronzage !
Le bronzage te va bien !

그 치마 입으니까 더 이쁘다!

Tu es plus belle avec cette jupe !
Cette jupe t'embellit !

'...라면'(조건)도 avec로 간단히 표현해 보자.

인내심이 있으면, 뭐든지 할 수 있습니다. → 인내심으로
Avec de la patience, on arrive à tout.

(그 돈이면 / 20유로면) 이거 살 수 있어요.
Avec (telle somme / 200 francs), vous pouvez l'acheter.

햇볕이 이렇게 뜨거우면 아무 것도 못 자라요.
Avec ce soleil, rien ne pousse.

너라면야 가능하지. / 너라면 되지.
Avec toi, c'est possible.

양보도 'avec'나 'même avec'로 간단히 표현해 보자.

공부를 조금만 했어도 합격했을텐데.
(Même avec / Avec) un peu de travail, il aurait réussi (à l'examen).

소송을 하더라도 별 소용이 없을 거예요.
(Même avec / Avec) un procès, ça ne vous servirait à rien.

네 용기 가지고도 그건 안 될텐데.
(Même avec / Avec) ton courage, ça n'irait pas.

그 친구는 공부를 조금만 했어도 상을 탔을텐데 말이야.
(Même avec / Avec) un peu de travail, il aurait gagné le prix.

컴퓨터를 가지고 해도 그 일은 몇 달이 걸릴 거예요.
(Même avec / Avec) un ordinateur, le travail prendrait des mois.

아무리 의지가 강해도 성공할 수 없어.
(Même avec / Avec) la meilleure volonté du monde, on n'y arrivera pas.

장점이 많이 있는데도 불구하고 그 친구는 성공하지 못했어.
(Même avec / Avec) tant de qualités, (il / elle) n'a pas réussi.

☞ *(한)-을 타고 ⇒ (불) en[à] + 탈것*

차나 배, 비행기 등의 교통기관을 '타고'라고 할 때에 우리말을 직역하면 복잡한 문장이 되고 자연스럽지 않으므로 간단하게 전치사 en을 쓰자.

차를 타고 en voiture
차 (타고 / 로) 가자.
On y va en voiture.

내 (차 타고 / 로) 가자.
On y va dans ma voiture !

기차 타고 en train
기차 타고 여행하는 것은 언제나 기분좋은 일이죠.
Il est toujours agréable de voyager en train.

비행기 타고 en avion
비행기 타고 제주도 가요.
Je vais à l'Ile Chéju en avion.

배 타고 en bateau
그 친구는 유람선 타고 싱가포르로 여행 간대요.

Il va partir en voyage pour Singapour en bateau de plaisance.

이상과 같이 타서 몸이 완전히 들어가는 탈것에는 'en'을 쓰지만, 그렇지 않은 경우, 즉 오토바이나 자전거, 말 따위는 'à'를 쓴다.

오토바이 타고 à moto
오토바이를 타고 가는 것은 위험해.

Il est dangereux d'y aller à moto.

자전거 타고 à vélo
자전거를 타고 전국을 일주했습니다.

J'ai fait le tour du pays à vélo.

말을 타고 à cheval
뭐? 말을 타고 간다고?

Quoi ? On y va à cheval ?

걸어서 à pied
걸어서 출근하는 것이 건강에 좋지요.

Il est bon pour la santé d'aller à pied au travail.

'얼마를 주고' 무엇을 산다고 할 때, '얼마를 주고'는 전치사 'pour'로 충분하다.

얼마를 주고 pour 〈돈〉
이건 10유로 주고 못 사요.

(On ne peut pas / Vous ne pouvez pas) acheter ceci pour 10 euros.

다양한 부사적 표현을 전치사 하나로

우리말에서는 술어(동사)로 표현되는데, 프랑스어에서는 포괄적인 의미를 가지는 전치사 하나로 표현되는 경우가 많이 있다. 예를 들어 '...에서 바라보니까'라는 표현도 단지 전치사 'de ...'로 충분하고, '...을 보아하니'와 같은 표현도 d'après로 충분하다.

다음은, 우리말에서는 동사를 포함한 성분이기 때문에 우리 나라 사람들이 잘 쓰지 못하는 전치사들이니 학습해 두는 것이 좋겠다.

...에서 바라보니까 de ...

언덕 위에서 바라보니까 전망이 좋구나.

Il y a une belle vue du haut de la colline.

...을 보아하니 d'après

저 사람[녀석], 옷 입은 걸 보아하니, 아마 대학생일 거야.

D'après son costume, il[ça] doit être étudiant.

... 치고(는) pour

그 사람, 사회적 지위 치고는 수입이 적군.

Son revenu est plutôt modeste, pour le rang qu'il occupe.

프랑스인 치고는 한국말을 잘하시는군요.

Pour un Français[une Française], vous parlez bien le coréen.

연세에 비해서는 꽤 힘이 세신 거예요.

Vous êtes assez fort pour votre âge.

그 친구, 초보자 치고는 그럭저럭 잘 해.

Il[Elle] se débrouille bien pour un débutant[une débutante].

그 친구, 그렇게 오랫동안 공부한 것 치고는 너무 몰라.
Il ne sait pas grand chose pour avoir étudié si longtemps.

바닷가에서 바캉스 보내신 것 치고는 거의 안 타셨네요.
Vous n'avez guère bruni pour avoir passé vos vacances à la plage.

...을 대비해서 → ...을 위하여 pour

나이 들었을 때를 대비해서 저축을 하고 있어요.
J'épargne pour quand je serai (vieux / vieille).

...이 지나면 après

이 밤이 지나면 상황이 달라질 거야.
Après cette nuit, la situation sera différente.

...에 맞추어 sur

음악의 리듬에 맞추어 춤을 춥시다.
On va danser sur le rythme de la musique.

3.2 관계절을 전치사구로

관계절을 꾸미려고 하면 우선 머리가 복잡해진다. 또 기껏 꾸며 봤자 어색한 표현이 되는 경우가 대부분이다. 우리말을 직역하기 때문에 그런 일들이 생긴다.

그런데 실제로 프랑스인들은 관계절 대신 전치사구를 이용하여 말한다는 사실을 우리는 별로 주목하지 않는다. 그것이 더 프랑스어적인 표현이라는 사실을 늘 간과하는 것이다.

우리말 관계절을 avec로!

'과거가 복잡한 남자'를 프랑스어로 하면? 우리말식으로 생각하면 그야말로 머리가 '복잡하다'. 그래서 나온 답은 'un homme dont le passé est compliqué.' 이렇게라도 나온다면 되긴 되는데…

실제로 프랑스인들은 이렇게 복잡한 문장이 아니라 전치사를 써서 간단하게 표현한다. 이 때 사용되는 전치사는 대개 'avec'이다. 즉 '과거가 복잡한 남자'를 '복잡한 과거가 있는 남자'라고 표현하는 것이다.

과거가 복잡한 남자
un homme avec un passé compliqué

그럼 '목소리가 좋은 여자'는 프랑스어로? 그렇다. '좋은 목소리를 가진'으로, 즉 'avec'로 표현할 수 있다.

목소리가 좋은 여자
une femme avec une bonne voix

자, 그럼 연습을 해 보자.

모자 쓰고 지팡이 든 남자

un homme avec un chapeau et une canne

화장을 진하게 한 여자

une femme avec un maquillage épais

책을 겨드랑이에 끼고 있는 여자

une femme avec un livre sous le bras

전망이 좋은 방

une chambre avec une (belle) vue

전망이 좋은 집이 좋겠어요.

J'aimerais une maison avec (une belle) vue.

전망이 더 좋은 방이 있나요?

Avez-vous une chambre avec une plus belle vue ?

저기 그 여자가 탄 버스가 있어!

Voilà l'autobus avec elle !

아랑 드롱이 나오는 영화

un film avec Alain Delon

제르트뤼드 역으로 미셸 모르강이 나오는 영화

un film avec Michel Morgan dans le rôle de Gertrude

(바다 / 호수) 쪽으로 난 방

une chambre avec vue sur (la mer / le lac)

수입이 상당한 사람

un homme avec de gros revenus

인구가 100만인 도시

une ville avec une population d'un million

교통량이 많은 도로

une route avec beaucoup de circulation

교통량이 아주 적은 도로

une route avec peu de circulation

> **경우에 따라 à도**

 경우에 따라 전치사 à가 조금 더 자연스러운 경우가 있는데, 이는 관용적으로 그렇게 쓰는 표현들이므로 항상 가능한 것이 아니다. 따라서 항상 가능한 'avec'를 쓰는 것이 안전하겠다.

눈이 파란 소녀

une jeune fille (aux / avec les) yeux bleus

다리가 긴 여자

une femme (aux / avec les) jambes longues

재치가 번득이는 아이

un garçon (à / avec) l'esprit vif

줄무늬가 있는 와이셔츠

une chemise (à / avec des) rayures

파란 줄무늬가 있는 T셔츠

un T-shirt (à / avec des) rayures bleus

흰 바탕에 파란 줄무늬가 있는 T셔츠

un T-shirt blanc (à / avec des) rayures bleus

(긴 / 짧은) 소매가 달린 스웨터

un pull à manches (longues / courtes)

싱글 룸 → 침대 하나 딸린 방

une chambre à un lit

더블 룸 → 침대 둘 딸린 방

une chambre à deux lits

욕조가 달린 방

une chambre avec (baignoire / salle de bain)

샤워기가 달린 방

une chambre avec douche

'...이 들어있는', '...이 달린', '...을 갖춘' 따위의 표현들도 마찬가지이다. 이들도 상태이므로 포괄적 의미의 전치사 'avec'나 'à'를 써서 표현한다.

...가 (들어) 있는 avec

더블 베드가 있는 방

une chambre avec un lit double, une chambre double

꿈이 있는 젊은이

un jeune homme avec un rêve

프랑스 작가들 사진이 들어있는 엽서

une carte postale avec la photo d'écrivains français

...가 달린 avec

레이스가 달린 드레스

une robe avec des dentelles

최신 설비를 갖춘 집

une maison avec le tout dernier confort

나무 손잡이가 달린 칼

un couteau avec un manche en bois

'없는'은 sans으로

'...이 있는'이 프랑스어로 'avec'이기 때문에, '...이 없는'은 'sans'이라는 것을 미루어 짐작할 수 있겠다.

욕조가 없는 방

une chambre sans salle de bain

샤워기가 안 달린 방

une chambre sans douche

대항 능력이 없는 여자

une femme sans défense

설탕이 안 들어간 커피

un café sans sucre

전혀 조심성이 없는 사람

un homme sans aucun scrupule

날짜 표시가 안 된 서류

un document sans indication de date

차들이 별로 안 다니는 도로

une route sans circulation

특정 명사엔 특정 전치사만

특정한 명사 부류가 올 때는 특정 전치사로 고정되는 경우가 있다. 이를 익혀두면 편리하다.

☞ 〈옷〉을 입은 ⇒ en + 〈옷〉

'빨간 옷을 입은 여자'라고 하면 프랑스어로 어떻게 될까? 'la jeune fille qui porte un vêtement rouge'일까? 틀리지는 않다. 그러나 너무 번거로워서 이렇게 말하는 프랑스인은 없을 것이다. 그냥 전치사 'en'이면 된다.

빨간색 옷을 입은 en rouge

저 빨간 옷을 입은 여자 좀 봐!

Regarde la jeune fille en rouge !

검은색 옷을 입은 en noir

검은색 옷 입은 남자들을 봤어요.

J'ai vu beaucoup d'hommes en noir.

청바지를[진을] 입은 en jean

청바지 입은 아가씨
une jeune fille en jean

물론 '어떤 옷을 입고'라고 부사절로 말할 때도 이런 표현이 그대로 쓰일 수 있다.

잠옷 입고 en pyjama

잠옷을 입고 나갈 수야 없지.
Je ne peux pas sortir en pyjama.

☞ ...가는 ⇒ *pour* + 〈장소〉

'보르도로 가는 길'은 프랑스어로 할 때는 mener를 써서 'la route qui mène à Bordeaux'이라고 할 수 있다. 물론 속어에서는 aller를 써서 'la route qui va à Bordeaux'이라고 하지만 올바른 표현이 아니다. 반면에 '코르시카 가는 배'는 'aller'를 써서 'un bateau qui va à la Corse'라고 한다. 이 때는 'mener'를 쓸 수 없다.

동사를 쓰려면 어떤 것을 선택해야 하는 문제가 제기되므로 그냥 간단하게 전치사를 써 보자. 그러니까 「...(로) 가는」은 「...행」으로 생각하자. 「행」은 프랑스어로 'pour'이다.

보르도 가는 길 une route pour Bordeaux

이거 보르도 가는 길 맞아요?
C'est bien la route pour Bordeaux ?
C'est bien la route qui mène à Bordeaux ?

코르시카 가는[코르시카행] 배 un bateau pour la Corse

코르시카 가는[코르시카행] 배가 언제 있어요?

Quand y a-t-il un bateau pour la Corse ?

Quand y a-t-il un bateau qui va à la Corse ?

런던 가는[런던행] 비행기 un (avion / vol) pour Londres

파리 가는 비행기가 언제예요?

Quand part l'avion pour Paris ?

A quelle heure est le vol pour Paris ?

런던 가는 비행기 예약 좀 하고 싶은데요.

Je voudrais réserver un vol pour Londres.

뉴욕 가는[뉴욕행] 연결편 une correspondance pour New York

뉴욕 가는[뉴욕행] 연결편이 있어요?

Y a-t-il une correspondance pour New York ?

공항 가는[공항행] 버스 un bus pour l'aéroport

공항 가는[공항행] 버스가 있나요?

Y a-t-il un bus pour l'aéroport ?

Y a-t-il un bus qui va à l'aéroport ?

LA 가는[LA행] 기차 un train pour Los Angeles

이거 LA 가는[LA행] 기차 맞아요?

C'est bien le train pour Los Angeles ?

C'est bien le train qui va à Los Angeles ?

LA 가는[LA행] 기차가 언제 있어요?

Quand part le train pour Los Angeles ?

Quand part le train qui va à Los Angeles ?

서울 가는[서울행] 표 un billet pour Séoul

서울 가는[서울행] 표는 얼마예요?

Combien coûte le billet pour Séoul ?

Combien coûte le billet pour aller à Séoul ?

'...의'가 더 자연스러울 때는 전치사를 de로

'질이 더 좋은 것'을 프랑스어로 어떻게 표현할까? '더 좋은 질의 것'이라 하면 될 것이다. 다만 지금까지 이때 전치사 avec(혹은 à)를 쓰는 것으로 제시했지만, 경우에 따라 de를 쓰는 것이 자연스러울 때가 있다. 간단하게 정리하여 말하면, 우리말로 '...의'라고 하는 것이 더 자연스러운 경우에는 전치사를 'de'로 쓴다고 생각하면 된다.

질이 더 좋은 것 → 더 좋은 질의 것
quelque chose de meilleure qualité

여기 있는 사람들 → 이 곳(의) 사람들
les gens d'ici

한 달 전에 온 편지 → 한 달 전(의) 편지
des lettres d'il y a un mois

다음의 경우는 'avec'가 가능하나 'de'가 더 자연스러운 경우다.

인구가 50만명이 넘는 대도시 → 인구 50만명 이상의 도시
une grande ville (de / avec) plus de 500.000 habitants

그건 엄청난 힘을 가진 모터예요.
C'est un moteur (d'une / avec une) puissance formidable.

> **하나의 형용사(과거분사)로**

한편, 우리말에서의 관계절이 프랑스어에서는 한 단어, 즉 형용사나 과거분사로 표현되는 경우도 있다.

여드름이 많은 아이
un garçon boutonneux, une fille boutonneuse

봉급이[벌이가] (좋은 / 안 좋은) 일
un travail (bien / mal) payé

관계절을 프랑스어로 옮길 때 사용할 수 있는 또하나의 요령이 된다.

지금까지 살펴본 것을 정리하면, 우리말 관계절을 프랑스어로 옮기는 방법에는 다음의 3가지가 있다.

ㄱ) 프랑스어로도 관계절로 옮기는 방법(직역),
ㄴ) 전치사('avec' / 'à' / 'sans' / 'de'...)로 옮기는 방법,
ㄷ) 한 단어(형용사, 과거분사)로 옮기는 방법

다만 한 단어로 옮기는 방법은 항상 가능한 방법은 아니며, 또한 단어를 많이 알아야 쓸 수 있는 방법이니 평소에 공부를 열심히 해 두어야 할 것이다.

3.3 진행형도 전치사로

☞ ...중이다 ⇒ être en + 명사

우리는 '...중이다'라는 것을 프랑스어로 표현하려고 할 때, 거의 대부분 '...하고 있다' 내지 '...되고 있다'로 생각하여 동사를 이용하려드는 경향이 있다. 그러다 보니 해당 동사가 프랑스어로 무엇인지 생각해 내야 되고, 또 동사를 쓰다 보니 인칭이니 법이니 시제니 하는 동사활용이 끼어들게 되고, 그러다 보니 생각도 복잡해지고 표현도 복잡해지게 된다. 그래서 프랑스어가 어렵다고 느껴지게 되는 것이다.

예를 들어 보자. '내 차는 수리 중이야.'를 프랑스어로 말한다고 하자. 우리는 대개 '내 차는 수리되고 있다.'라고 기본적인 구조를 잡는다. 그래서 '수리되다'는 수동태로 'être réparé', '...하고 있는 중이다'는 「être en train de + 부정법」, 따라서 'Ma voiture est en train d'être réparée.'라는 복잡하고 잘 쓰이지 않는 문장이 탄생되는 것이다. 물론 아예 관점을 바꾸어서 'Ils sont en train de réparer ma voiture.'라고 하면 괜찮긴 하지만...

그러나 이같은 사고방식은 잘못된 것이다. 우리말 표현이 '명사 + 중이다'인데, 왜 프랑스어도 '명사 + 전치사'의 구조를 생각하지 못하고 엉뚱하게 동사를 이용하려 드는 것일까? 프랑스어도 명사를 이용하여 간단히 표현이 되는데도 말이다. 이것은 기존의 프랑스어 학습서가 이런 표현을 학습하도록 모델을 제시하지 않았기 때문이다.

올바른 표현은 'Ma voiture est en réparation.'이다. 듣고 보면 '아하, 그거!'하지만 콜럼버스의 달걀이다. 왜 우리는 이 간단한 표현도 잘 못하는 것일까?

이제부터 「être en + 명사」의 표현을 활용해 보자.

수리[수선] 중 en réparation

그 셔츠는 수선 중이야.

La chemise est en réparation.

네 시계는 수리 중이야.
Votre montre est en réparation.

판매 중 en vente
본 상품은 시중에서 판매 중입니다.
Cet article est en vente au marché.

세일중 en solde
이 책은 모든 큰 서점에서 세일 중입니다.
Ce livre est en solde dans toutes les grandes librairies.

이 상품은 세일 중입니다.
Ce produit est en solde.

여행 중 en voyage
홍교수님은 프랑스에 여행 중이세요.
Le professeur Hong est en voyage en France.

Jeanne는 신혼여행 중이에요.
Jeanne est en voyage de noces.

출장 중 en voyage d'affaires, en déplacement
사장님은 출장 중이신데요.
Le patron est en (voyage d'affaires / déplacement).

휴가 중 en congé, en vacances
그 사람 휴가 중이야.
Il est en (congé / vacances).

휴양 중 en villégiature

그 분은 시골 별장에서 휴양 중이십니다.

Il est en villégiature dans sa maison de campagne.

수업 중, 강의 중 en classe

김교수님은 수업중이신데요.

Le professeur Kim est en cours.

진행 중 en cours

(협상 / 작업)이 진행 중입니다.

Les (négociations / travaux) sont en cours.

운행[취항] 중 en service

이 노선은 운행 중입니다.

Cette ligne est en service.

- 이 노선은 운행 중단 중입니다.
  Cette ligne est hors service.

서비스 중 en service

번호를 잘못 누르셨습니다. 이 회선은 서비스 중이 아닙니다.

Vous avez fait un faux numéro. La ligne n'est pas en service.

이 자판기는 서비스 중입니다.

Cette machine à vendre est en service.

- 이 자판기는 서비스 중이 아닙니다[고장났습니다].
  Cette machine à vendre est hors service.

치료 중 en traitement

저 요즘 치료 받고 있어요. / 치료 중이에요.

Ces jours-ci je suis en traitement.

충전 중 en recharge
배터리 충전 중입니다.
La batterie est en recharge.

학기 중 en cours de semestre
학기 중이라 하숙집이 안 나요.
Il n'y a pas de pension de famille (disponible / vacante) parce qu'on est en cours de semestre.

회복 중 en bonne voie de guérison
환자가 회복 중에 있어요.
Le[La] malade est en bonne voie de guérison.

향상 중 en progrès
프랑스어가 늘고[향상되고] 있으십니다.
Votre français est en progrès.

상승 중 en hausse, 하강 중 en baisse
사업은 잘 되고[잘 안 되고] 있습니다.
Les affaires sont en hausse [en baisse].

파업 중 en grève
공장 노동자들이 파업을 하고 있어요. / 파업 중이에요.
Les ouvriers de l'usine sont en grève.

작동 중 en marche
모터가 작동 중이에요.
Le moteur est en marche.

협상 중 en cours de négociation
그 프로젝트는 현재 협상 중입니다.
Le projet est en cours de négociation.

망명 중 en exil
그 정치인은 캐나다에 망명 중입니다.
L'homme politique est en exil au Canada.

명사에 따라 'en' 이외의 전치사를 쓰는 경우가 있다. 이것은 그때 그때 외워 두어야 할 것이다.

다이어트 중 au régime
나 다이어트 중이야.
Je suis au régime.

- '다이어트를 하다'에는 faire를 쓴다.
  저는 다이어트를 해야 돼요.
  J'ai besoin de faire un régime.

통화 중, 전화를 하고 있다 en ligne, au téléphone
그 친구 지금 통화 중이야[전화하고 있어].
Il est (en ligne / au téléphone).

그 때는 내가 그 친구하고 통화하고 있었는데, 끊겼어.
J'étais (en ligne / au téléphone) avec lui à ce moment-là, mais ça a coupé.

보증기간 중 sous garantie
우리 냉장고는 아직 보증기간 중이에요.
Mon frigidaire est encore sous garantie.

인쇄 중 sous presse, en cours d'impression

그 책은 지금 인쇄중입니다.

Le livre est (sous presse / en cours d'impression).

☞ *사역형은 mettre ... en + 명사*

그런데 이런 표현을 알면 하나의 보너스가 따라오는데, 그것은 'mettre ... en + 명사'라는 사역형이다.

그러니까, '판매 중'이나 '판매되고 있다'가 'être en vente'면, '판매하다'는 'mettre ... en vente'가 된다는 것이다.

몇 가지만 보자.

이 제품은 시중에서 판매 중입니다.

Ce produit est en vente au marché.

→ 저희가 이 제품을 판매할 겁니다.

Nous allons mettre ce produit en vente.

서울-평양편은 취항 중입니다.

Le vol Séoul-Pyongyang est en service.

→ 다음 달에 서울-평양편을 취항할 예정입니다.

On va mettre en service le vol Séoul-Pyongyang le mois prochain.

배터리 충전 중입니다.

La batterie est en recharge.

→ 배터리를 충전시켜야 하겠군요.

Il faudrait mettre la batterie en recharge.

모터가 작동 중이에요.

Le moteur est en marche.

모터를 작동시켜야겠어요.
Il faut mettre le moteur en marche.

그 책은 지금 인쇄중입니다.
Le livre est sous presse

출판사가 그 책을 인쇄를 할 거예요.
La maison d'édition va mettre le livre sous presse.

원칙적으로 모든 'être ... en / de + 명사'는 그 사역형으로 'mettre ... en / de + 명사'를 가진다.

그 사람, 화가 났어요. Il est en colère.
→ 그 사람 화 나게 하지마. Ne le mets pas en colère.

나 기분이 나빠. Il est de mauvaise humeur.
→ 나 기분 나쁘게 하지 마 / 나 긁지 마. Ne me mets pas de mauvaise humeur.

4. 연속되는 행위는 하나만!

'씻고 올게'는 프랑스어로?

'손 좀 씻고 올게'를 프랑스어로 한다면 어떻게 해야 할까? 직역하면 'Je vais me laver les mains et revenir.' 정도가 될 것이다. 틀린 문장은 아니다. 그러나 실제로 이렇게 말하는 프랑스인은 아마 없을 것이다. 왜냐하면 '씻고 가 볼게.'라고 하지 않는 한, 돌아오는 것은 너무 당연한 것이기 때문이다. 얘기하다 말고 갑자기 가버리는 사람은 없을테니까. 따라서 그네들은 '좀 씻을게'만으로 충분하다고 생각하는 것이다.

손 좀 씻고 올게. → 씻을게.
Je vais me laver les mains.

전화 좀 걸고 올게. → 전화 좀 걸게.
Je vais passer un coup de fil.

옷 갈아 입고 올게. → 옷 갈아 입을게.
Je vais me changer.

물 좀 가지고 올게 → 물을 찾을게.
Je vais chercher de l'eau.

차 좀 주차장에 넣고 오겠습니다. → 차 좀 주차장에 넣겠습니다.
Je vais mettre ma voiture au parking.

나뭇가지에서 저 사과 따 올게.
Je (prendrai / cueillerai) la pomme de la branche.

이거 버리고 와라.

Va (déposer / jeter) ceci.

누가 불 껐어? 다시 켜고 와.

Qui a éteint la lumière ? Va vite rallumer.

다만 이때, 화장실을 다녀오겠다든가, 혹은 사적인 전화를 하고 오려는데 굳이 밝히고 싶지 않을 경우에는 그저 다음과 같이 말하면 된다.

(금방) 돌아올게요.

Je reviens (tout de suite).

그러나 두 행위가 모두 중요한 경우, 즉 이어지는 행위가 앞의 행위에 전제되는 경우가 아닐 때는 둘 다 표현한다.

나가서 운동 좀 해요.

Va faire de l'exercice dehors.

'갈아입다'는 프랑스어로?

우리말에는 동사 두 개가 연이어 오는 표현이 많다. '갈아입다', '고쳐 쓰다', '차려 먹다', '받아 쓰다', '뛰어가다', '걸어오다' 등이 그러하고, 심지어 '뛰어내려가다'처럼 세 개의 동사가 연이어 오는 등이 표현도 있다. 이것은 우리말의 특성중 하나이다.

그러나 프랑스어에서는 이런 식의 표현이 불가능하다. 그러면 프랑스어에서는 이런 행위를 어떻게 표현할까? 두 동사를 'et'로 연결해서 사용할까?

아니다. 프랑스어는 그렇게 구체적으로 표현하지 않는다. 전체적인 의미만 전달하면 된다. 충분히 유추할 수 있는 나머지 행위까지 표현할 필요가 없다고 생각하는 것이다. 그래서 프랑스어로 자연스럽게 표현하는 방식은 둘 중 주된 동작 하나만 쓰는 것이다.

바지 좀 갈아 입어야겠어. → 갈아야겠어.
Je vais changer de pantalon.

그녀는 안경을 고쳐 썼다. → 고쳤다.
Elle a (rajusté / redressé) ses lunettes.

넥타이 좀 고쳐 매야겠군. → 고쳐야겠군.
Je pense que je dois (rajuster / redresser) ma cravate.
Je pense que je dois refaire ma cravate

그녀는 드레스를 고쳐입었다. → 고치세요.
Elle rajuste sa robe:
- 그녀는 옷 매무새를 고쳤다. Elle (arrange sa tenue / se rajuste / s'arrange).

(이거) 받아쓰세요. → 쓰세요.
(Ecrivez. / Notez / Prenez note de) cela.

저는 빵에 버터만 발라 먹어요. → 발라요.
Je ne mets que du beure sur le pain.

프랑스어로 학교를 다닌다고 할 때 쓰는 표현은 '가다'를 뜻하는 aller 이다. 왔다 갔다하는 두 방향의 이동을 간다는 행위만으로 나타내는 것이다.

어느 학교 다니세요?
Tu vas à quelle (école / université ..) ?

저 파리 4대학 다녀요.
Je vais à l'Université Paris 4.

또 방문한 목적을 물어볼 때 '어떻게 오셨나요?'라는 의미로 흔히 하는 'Qu'est-ce qui vous amène ici ?'의 답변으로 다음과 같이 한다.

전화 받고 왔는데요. → 누가 전화를 해서요.
Quelqu'un m'a appelé.

여기에서도 전화를 받고 왔다는 두 행위 중 전자만을 언급하는 것이 프랑스어다운 표현이다.

4장
인간중심의 세계관

프랑스어는 우리에게 펼쳐지는 모든 현상을 자연이나 사물의 관점이 아니라, 인간의 관점에서 표현한다. 그래서 어떤 사물이나 장소에 대해 말할 때도 주어를 사람으로 써서 표현하기를 즐긴다. 예를 들면 다음과 같다. 가게에 들어가서 신용카드로 결제가 되는지를 알아보기 위해 한국인이라면 '여기 신용카드가 되나요?'라고 물어보기 쉽다. 이를 직역하여 프랑스어로 문장을 꾸며서 'La cartes de crédit est possible ?'이라고 하면 매우 어색한 문장이 탄생된다. 이때는 다음과 같이 사람을 주어로 하여 문장을 재구성해야 프랑스어다운 프랑스어 문장이 된다.

여기 **신용 카드** 되나요? → **당신은** 신용 카드 받으세요?
Acceptez-vous les cartes de crédit ?

호텔에서 아침 식사가 언제 나오는지 알고 싶을 때 한국어식으로 le petit déjeuner를 주어로 하여 문장을 형성하려 하면 이상한 문장이 되고 만다. 이럴 때는 다음과 같이 사람을 주어로 해서 문장을 꾸며야 자연스러운 프랑스어 문장이 된다.

아침 식사는 언제입니까? → **당신은** 아침식사를 언제 차려주세요?
Quand servez-**vous** le petit déjeuner ?
Quand est-ce qu'on sert le petit déjeuner ?

또한 장소에 대해 묻고자 할 때도 마찬가지이다. 우리에게는 너무나 당연한 여기가 어디냐는 표현도 프랑스어로 직역하면 비문이 형성된다. '여기'가 ici니까 'Où est ici ?'가 될 텐데, ici는 부사이므로 주어가 될 수 없어서 결국 주어가 없는 틀린 문장이 되고 만다. 이럴 때도 사람을 주어어 하여 다음과 같이 문장을 꾸며야 한다.

여기가 어디예요? → 우리가 어디에 있어요?
Où sommes-nous ?

왜 프랑스어의 표현법은 우리말과 이렇게 다를까?

이는, 동양인은 사람을 이 세계의 중심이 아니라 이 세계의 일부로 보기 때문에 사물을 주어로 놓고 이에 대해 말하는 것을 자연스럽게 생각하지만, 서양인은 인간이 이 세계의 중심이므로 항상 모든 사건이나 상태를 인간의 관점에서 기술하는 것이 자연스러워서 사람을 주어로 놓고 문장을 꾸미기 때문이다.

이제부터 인간과 관련된 모든 행위를 인간의 관점에서 표현하는 훈련을 하기로 하자. 그러기 위해서 해야 할 첫 번째 조처는 일단 사람을 주어로 놓고 문장을 꾸미는 것이다.

1. 규칙, 판단은 인간의 행위로

규칙은 인간의 행위로

(넓은 의미의) 규칙이나 정해진 사항에 대해 말할 때도 프랑스어는 규칙이 아니라 그것과 관련된 인간의 행위로 표현을 한다. 앞의 예를 들자면, '여기 신용 카드가 되나요?'라고 할 때, 신용카드 자체가 아니라 그것과 관련된 행위로, 즉 '신용 카드 받으세요?'라고 생각하여 표현해야 한다.

여기 신용 카드 되나요? → 신용 카드 받으세요?
Acceptez-**vous** les cartes de crédit ?
Est-ce qu'**on** accepte les cartes de crédit ?

이런 식의 사고방식을 가지도록 훈련하는 것이 필요하다. 그러면 표현력을 획기적으로 향상시킬 수가 있다.

이 때 흥미로운 것은 주어의 선택이다. 사실 사물의 특성에 대해 말하는 것이기 때문에 일반적인 사람을 뜻하는 on을 써야 할 것이다. 그러나, 프랑스인들은 대화 상대방인 'tu'나 'vous'를 주어로 쓰는 것도 좋아한다. 상대방을 끌어들이는 것이 되기 때문에 보다 생생한 효과를 낼 수 있기 때문이다.

아침 식사는 몇 시입니까? → 몇 시에 차려주세요?
A quelle heure servez-**vous** le petit déjeuner ?
A quelle heure est-ce qu'**on** sert le petit déjeuner ?

식사 금방 나오나요[되나요]? → 금방 차려주시나요?
Pouvez-**vous** me servir tout de suite ?
Peut-**on** me servir tout de suite ?

닭고기도 나오나요? → 닭고기도 갖다 주시나요?
Vous nous servez du poulet ?
On nous sert du poulet ?

이 물건에는 세금이 붙어요. → 이것에 세금을 내야 해요.
Vous devez payer des taxes sur (cet article / ça).
On doit payer des taxes sur (cet article / ça).

가입비가 있나요? → 당신은 가입비를 부과하나요?
Facturez-vous les frais d'adhésion ?

그 클럽에 가입하면 혜택이 많아요. → 당신이 그 클럽에 가입한다면 당신은 많은 혜택을 가질 거예요.
Si vous vous inscrivez au club, vous aurez beaucoup d'avantages.
Si vous adhérez au club, vous bénéficierez de nombreux avantages.

어린이도 돈 받나요? → 어린이에게도 돈 내게 하나요?
Est-ce que **vous** faites payer les enfants ?
Est-ce qu'**on** fait payer les enfants ?

이 스포츠 센터에서는 테니스를 매일 칠 수 있어요.
Dans ce centre sportif, **vous** pouvez jouer au tennis tous les jours.
Dans ce centre sportif, **on** peut jouer au tennis tous les jours.

포크는 그렇게 잡는 게 아냐.
On ne tient pas sa fourchette comme ça !
Tu ne tiens pas ta fourchette comme ça !

그렇게 하는 게 아냐.

On ne fait pas comme ça !
Tu ne fais pas comme ça !

자유 시간이 좀 있을 거예요.

Vous aurez un peu de temps libre.
On aura un peu de temps libre.

5에서 3을 빼면 2가 남아요.

Si vous (enlevez / retirez) 3 de 5, il vous reste 2.
Si on (enlève / retire) 3 de 5, il reste 2.

판단도 인간의 행위로

프랑스어는, 어떤 판단에 관한 표현도 '사람'을 주어로 쓰기를 즐긴다.

좋은 친구와 좋은 충고는 항상 필요한 거지.

On a toujours besoin de bons amis et de bons conseils.
Vous avez toujours besoin de bons amis et de bons conseils.

좋은 결과를 얻으려면 열심히 일해야죠.

Vous devez travailler dur pour avoir un bon résultat.

작심삼일이에요. → 결심을 3일 이상 유지할 수 없어요

On ne tient pas ses résolutions plus de trois jours.
Les gens ne tiennent pas leurs résolutions plus de trois jours.
Vous ne tenez pas vos résolutions plus de trois jours.

이 마지막 예문은 상황을 봐서 말해야 할 것이다. 왜냐하면 '당신의 결심이 오래가지 못할 거야.'라는 뜻이 될 수 있기 때문에 상대의 기분을 거슬릴 수 있기 때문이다.

아래의 표현들은 우리말과 동일한 표현들이라 문장을 꾸미는 데는 어려움이 없다. 그러나 주어 선택의 요령은 마찬가지다.

걸어서 출근하면 살을 뺄 수 있습니다.
On peut perdre du poids en allant au travail à pied.
Vous pouvez perdre du poids en allant au travail à pied.

재능만으로는 이길 수 없어요. 지구력도 있어야죠.
On ne peut pas gagner avec le talent seulement. **On** a besoin de résistance.
Vous ne pouvez pas gagner avec le talent seulement. **Vous** avez besoin de résistance.

이길 때도 있고 질 때도 있는 거죠.
Parfois, on gagne, et d'autrefois on perd.
Parfois, vous gagnez, et d'autrefois vous perdez.

그 사람은 대화가 되는 사람이야. 합리적인 사람이거든. → 너는 그와 대화할 수 있어.
On peut discuter avec lui. C'est une personne raisonnable.
Tu peux discuter avec lui. C'est une personne raisonnable.
C'est un homme raisonnable avec qui tu peux discuter.

한편, '이거 (프랑스어로) 뭐라고 해요?'를 프랑스어로 뭐라고 할까? 이런 경우도 '(사람들 / 당신)은 이거 뭐라고 해요?'라고 할 수 있다.

이거 (프랑스어로) 뭐라고 해요? → (사람들 / 당신)은 이거 뭐라고 해요?

Comment appelle-t-**on** ça en français ?
Comment appelez-**vous** ça en français ?
Comment ça s'appelle en français ?

'이거 프랑스어로 말이 되나요?'도 마찬가지다.

...가 프랑스어로 말이 돼요? → ...라고 말할 수 있어요?

Est-ce qu'**on** peut dire ...?
Est-ce que **vous** pouvez dire ...?

그거 철자가 어떻게 돼요?

Comment épelez-vous cela ?
Comment cela s'écrit-il?

말이 생각이 안 나거나, 주의를 환기시키기 위해 잘 쓰는 표현인 '있잖아'도 프랑스어로 'vous savez'나 'tu sais'라고 하는데, 이것도 같은 발상에서 나온 것이다.

다음은 'on'으로 굳어진 표현이다.

그거야 모르는[알 수 없는] 일이죠. / 혹시 알아요?

On (ne) sait jamais.

'Vous ne savez jamais.'를 쓰면 상대방의 경우로 한정되어 '넌 몰라'의 뜻이 되기 쉽다.

투자를 하지 않고 얻을 수 있는 일은 없지요.

On n'a rien sans rien.

Qui ne tente rien n'a rien.
- 'Vous n'avez rien sans rien.'을 쓰면 역시 상대방의 경우로 한정되어 버릴 수 있다.
- 모험을 하지 않고는 얻을 수 있는 게 없어요.
  Qui ne risque rien n'a rien.

뿌리는 대로 거두는 법이지요.

On ne récolte [recueille] que ce qu'on a semé.

On n'a que ce qu'on récolte.

여기서 알아두면 좋을 하나의 표현 방식은, 행동의 주체가 멀리 떨어져 있는 불특정한 사람일 경우에는 vous(tu) 대신에 ils을 쓰면 된다는 것이다.

거기서는 신용 카드가 되나요? → 그들은 신용 카드를 받나요?

Acceptent-ils la carte de crédit ?

거기서는 어린이도 돈 내나요? → 그들은 어린이들에게 부과하나요?

Font-ils payer les enfants ?

야간 비행기에서 식사가 나온대요. → 그들은 야간 비행기에서 저녁을 차려줘요.

Ils servent le dîner sur le vol du soir.

2. 사물의 소재와 장소는 관련된 인간의 행위로!

사물의 소재는 관련된 행위로

프랑스어는 우리에게 펼쳐지는 모든 현상을 자연이나 사물의 관점이 아니라, 인간의 관점에서 표현한다. 그래서 어떤 사물이나 장소에 대해 말할 때도 주어를 사람으로 써서 표현하기를 즐긴다.

예컨대, '세차하는 데가 어디예요?'를 프랑스어로 표현한다면 주어를 무엇으로 해야 할까? 세차하는 데? 그럼 벌써 주어가 너무 길어지는데? 그렇게 주어가 길어지면 프랑스식 표현이 아닌 것 같은데…

이럴 때는 인간의 관점에서 생각해 보자. 그러니까 세차하는 곳을 주어로 놓으려 하지 말고 인간의 관점, 예컨대 '나'의 관점에서 생각하는 것이다. '(제가) 어디에서 세차할 수 있을까요?'처럼 말이다.

세차하는 데가 어디예요? → 어디서 세차할 수 있어요?
Où puis-je faire laver ma voiture ?

이 때 일반적인 사람을 뜻하는 on을 주어로 쓸 수도 있다.

…데가 어디예요? → 어디서 …할 수 있어요? Où puis-je … ? / Où peut-on … ?
편지 부치는 데가 어디죠? → 어디에서 제가 편지를 부칠 수 있어요?
Où puis-je poster cette lettre ? [내가]
Où peut-on poster des lettres ? [일반적으로]

계산하는 곳이 어디에요?
Où puis-je payer ?

손 씻는 데가 어디에요?
Où puis-je me laver les mains ?

택시 타는 데가 어디에요?

Où puis-je prendre un taxi ?

자동차 빌리는[렌트하는] 데가 어디예요? → 어디서 빌릴 수 있어요?

Où puis-je louer une voiture ?

부탄 가스 파는 데가 어디예요? → 어디서 살 수 있어요?

Où puis-je acheter du gaz butane ?

주차하는 데가 어디예요? → 어디에 주차할 수 있어요?

Où puis-je garer ma voiture ?

신문 파는 데가 어디예요? → 어디서 신문 살 수 있어요?

Où puis-je acheter un journal ?

복사집이 어디예요? → 어디서 복사할 수 있어요?

Où puis-je faire des photocopies ?

학생증 발급받는 데가 어디예요?

Où puis-je obtenir ma carte étudiante ?

이런 표현들은 프랑스어에서 매우 흔하다.
또 다른 각도에서 보면, 사물이 어디에 '있다'는 것은, 인간의 관점에서 보면 인간이 그것을 '발견하는(trouver)' 것이다.

...가 있다 → ...을 발견한다 trouver

알프스에는 높은 산들이 많이 있어요. → 높은 산들을 많이 발견해요.

Dans les Alpes, on trouve beaucoup de hautes montagnes.

4장 인간중심의 세계관

이 근처에 수퍼마켓이 있을 거야.

Nous pouvons trouver un supermarché près d'ci.

그 서점에 요리책이 있을 거야.

Tu pourrais trouver des livres de cuisine dans la librairie.

그 책이 저 책방에 있을 리가 없어. → 저 책방에서 그 책을 발견할 리가 없어.

Je ne pense pas qu'on trouve ce livre dans cette librairie-là.

거기에는 없는 게 없어요. → 다 발견해요.

On peut tout trouver là-bas. / Il y a tout là-bas.

여기에 그런 게 많아요?

Vous en trouvez beaucoup ici ?

Il y en a beaucoup ici ?

여기는 제게 흥미로운 게 없었어요.

Je n'ai rien trouvé (qui m'intéresse / d'intéressant) ici.

...가 어디 있어요? → 어디서 (찾을 / 얻을) 수 있어요?

Où puis-je (trouver / obtenir) ... ?

택시가 어디 있나요? → 어디에서 택시를 찾을 수 있어요?

Où puis-je trouver un taxi ?

프랑스어를 하는 가이드가 어디 있나요? → 프랑스어 하는 가이드를 어디에서 찾을 수 있어요?

Où puis-je trouver un guide parlant français ?

가장 가까운 지하철 역이 어디죠? → 어디에서 가장 가까운 지하철 역을 찾을 수 있어요?

Où est-ce que je pourrais trouver la station de métro la plus proche?

어떤 물건이 구하기가 쉬운지 어려운지에 대해 설명을 할 때도 trouver를 이용하여 표현할 때가 많다.

그거 구하기 힘들어요. → 그거 몇 군데에서만 찾을 수 있어요.

On trouvera ça dans très peu d'endroits.
Vous trouverez ça dans très peu d'endroits.

그거 지금은 어디서도 구할 수 없어요. → 어디서도 찾을 수 없어요.

On ne trouvera ça nulle part à présent.
Vous ne trouverez ça nulle part à présent.

그거 널렸어요. → 많은 곳에서 찾을 수 있어요.

On trouvera ça dans beaucoup d'endroits.
Vous trouverez ça dans beaucoup d'endroits.

이건 10유로 주고는 못 사요.

On ne peut pas acheter ceci pour 10 euros.
Vous ne pouvez pas acheter ceci pour 10 euros.

(물건이) 이보다 더 쌀 수는 없어요! → 어디서도 이보다 더 싼 것을 찾을 수는 없어요!

On ne peut pas trouver moins cher ailleurs !
Vous ne pouvez pas trouver moins cher ailleurs !

장소는 사람을 기준으로 설명하라!

장소 자체에 대한 질문이나 설명은 특히 우리말과 달라서 꼭 알아 두어야 하겠다. 역시 '장소'가 아니라 '인간'의 관점에서 표현한다.

여기가 어디예요? → 우리 어디에 있어요?
Où sommes-nous ?

여기는 부산이에요. → 우리 부산에 있어요.
Nous sommes à Pusan.

(이 지도상에서) 여기가 어딘지 가리켜 주실래요? → 제가 어디 있는지...?
Pouvez-vous me montrer (sur la carte) où je (suis / me trouve) ?

이거 보르도 가는 길 맞아요? → 우리가 보르도 가는 길에 있어요?
Sommes-nous sur la bonne route pour Bordeaux ?

'구청이 어디에요?' 하고 물었을 때, '여기가 구청이에요.'라고 하고 싶을 때는 어떻게 할까? '당신이 여기에 있다'라고 한다.

바로 여기예요. / 여기가 ...이에요.
Vous y êtes.

차를 타고 가다가 호텔이 아직 멀었는지 물어보는 경우 다음과 같이 표현할 수 있다.

호텔은 여기서 먼가요?
Est-ce que nous sommes loin de l'hôtel ?

네 아직 멀어요.

Oui, nous sommes encore loin.

아뇨, 거의 다 왔어요.

Non, nous y sommes presque.

'곧장 가시면 광장이 나와요.'라고 할 때처럼 '...가 나오다'라고 할 때는 '당신이 ...와 맞닥뜨려진다'(tomber sur)라고 표현한다.

곧장 가시면 광장이 나와요.

Vous allez tout droit, et vous tomberez sur la place.

3 사람의 행위나 상태라면 '사람을 주어로'

우리말은 사물이나 상황에 대해 말하는 반면에, 그것이 사람의 행위나 상태로 볼 수 있는 것이라면 프랑스어는 언제나 사람에 대해 말하기를 좋아한다. 예를 들어 어떤 물건이 없어졌을 때, 우리는 흔히 '없어졌다'고 표현한다. 그런데 이런 상황에서 프랑스어에서는 인간의 관점에서 접근하기 때문에 사람을 주어로 하여 '잃어버렸다'고 표현하는 경향이 있다.

열쇠가 없어졌어요.
J'ai perdu mes clés.

단추 하나가 없어졌어요.
J'ai perdu un bouton.

다음의 경우, 한국어 문장의 주어는 각각 '당신의 말씀', '번호', '속도' 등이다. 그러나 프랑스어에서는 이를 사람을 주어로 하여 인간의 행위로 표현하는 것이 자연스럽다.

과찬의 말씀이십니다. → 당신이 나를 과찬한다
Vous me flattez, / Je suis flatté(e).

그 번호는 전화가[연결이] 안 돼요. → 나는 그 번호에 이를 수 없다
Je ne peux pas atteindre ce numéro.

그(녀)에게 전화가 안 돼. → 나는 그(녀)를 전화에서 얻을 수가 없어.
Je n'arrive pas à (le / la) joindre.
Je ne peux pas l'avoir au telephone.
Je ne peux pas lui téléphoner.

• 그 번호는 없는 번호[결번]입니다. Le numéro n'est pas attribué.

천천히 가세요. 속도가 너무 빨라요. → 당신이 너무 빨리 운전하고 있어요.
Ralentissez ! Vous (conduisez / roulez / allez) trop vite.

가속하세요. 속도가 너무 느려요. → 당신이 너무 늦게 운전하고 있어요.
Accélérez ! Vous (conduisez / roulez / allez) trop lentement.

다음의 경우에서도 한국어와 달리 프랑스어에서는 항상 사람을 주어로 표현한다.

이 사진 참 잘 나왔다. → 너는 이 사진에서 예쁘다[멋있다].
Tu es (beau / belle) sur cette (photo / image).

사진보다 실물이 더 나으시군요.
Vous êtes mieux au naturel qu'en photo.

너는 실물보다 사진이 더 낫구나.
→ 사진에서 더 낫게 보여.
Tu es mieux en photo qu'au naturel.
Cette photo te flatte.
- 너는 사진 참 잘 받는구나! Tu es photogénique !

죄송합니다. 고의가 아니었어요. → 죄송합니다. 저는 그것을 의도하지 않았어요.
Désolé, je ne l'ai pas fait exprès. Je ne le voulais pas.

이 커피메이커가 고장 났는데요. → 나는 이 커피메이커에 대해 문제를 갖고 있다.
J'ai un problème avec cette (cafetière / cette machine à café).

그게 무슨 문제가 됩니까? → 당신은 그것에 대해 문제를 갖고 있습니까?
Avez-vous un problème avec ça?

그 가격이라면 저도 남는 게 없어요. → 나는 돈을 못 벌어요[이익을 못 가져요].
A ce prix-là, je ne gagne pas d'argent [je n'aurai pas de bénéfice].

이번 달에는 전화 요금이 많이 나왔어요. → 나는 이번 달에 큰 전화 요금 청구서를 갖고 있어요.
J'ai une grosse facture de téléphone ce mois-ci.
J'ai des frais importants de téléphone ce mois-ci.

시험은 어떻게 됐니? → 네가 시험에서 네가 어떻게 했니?
Comment s'est passé ton examen?
As-tu réussi ton examen?

뭐 타는 냄새가 난다. → 나는 뭔가가 타는 냄새를 맡는다.
Je sens quelque chose brûler.
Je sens quelque chose qui brûle.

아무 냄새도 안 나는데. → 나는 냄새를 못 맡는다.
Je ne sens rien.

여기는 TV가 잘 안 나오는데요. → 수신상태가 나빠요.
J'ai une mauvaise réception télé ici.

내 휴대폰이 꺼졌어. 배터리가 얼마 없었거든. → 나는 배터리를 얼마 안 갖고 있었거든.

Mon téléphone portable s'est éteint. Je n'avais (plus de / plus beaucoup) de batterie.

- 'Il n'y avait plus de batterie.'라고 할 수도 있다.

차가 고장이 났다고 할 때도 다음처럼 '차'(la voiture)를 주어로 하여 문장을 꾸밀 수도 있지만 '나'(je)를 주어로 문장을 꾸밀 수도 있다.

차가 고장이 났어요.
La voiture a eu une panne.
J'ai eu une panne.
J'ai un problème avec ma voiture.

차에 기름이 떨어졌어요.
La voiture a eu une panne d'essence.
J'ai eu une panne d'essence.

프랑스어는 사람의 일부인 목소리나 말 등을 사람 그 자체로 표현하기도 한다.

네 목소리 들으니까 좋다. → 너를 들으니까
Je suis content(e) de **t'**écouter.

선생님 말씀을 잘 못 알아듣겠습니다. → 당신을 이해 못하겠어요
Je ne **vous** comprends pas.

내 말이 틀렸어. → 내가 틀렸어
Je me suis trompé(e). / **J'**ai eu tort.

아마 네 말이 옳을 거야. → 네가 옳을 거야

Peut-être que tu as raison.

제 설명이 분명했나요? → 제가 분명했나요?

Est-ce que **j'**étais claire ?

더 자세히 말씀드리자면 → 제가 더 자세해지기 위해서

pour être plus précis(e)

금방 끝낼게요. / 제 (얘기 / 통화...)는 길지 않을 거예요. → 저는 길지 않을 거예요.

Je ne serai pas long.
Je serai (bref / brève).

선생님 말씀을 들으니 안심이 되는군요. → 선생님의 말씀이 나를 안심시키는군요

Vos paroles me rassurent beaucoup. / Vous me rassurez beaucoup.

네 말을 들으니 기운이 나네. →

Tes paroles me remontent le moral. / Tu me remontes le moral.

상대방이 요청한 일을 처리해 주거나 도와주겠다는 뜻으로 프랑스인들은 'Je suis à vous.'라는 표현을 많이 쓴다. 직역하면 내가 당신 거라는 지나치게 아부하는 것 같은 뜻이다. 그러나 여기서 'je'는 '나'라기보다는 '나의 시간'(mon temps)의 환유라고 할 수 있다. 실제로 이런 표현도 쓴다. 'Mon temps est à vous.'(제 시간은 당신 겁니다).

마치 사람의 상태인 것처럼

프랑스어의 인간 중심 경향은 때로는 사물을 사람과 동일시하는 수준으로까지 발전한다. 예를 들어, 차나 자전거가 펑크가 났을 때도 '내'가 펑크가 난 것으로 표현하기도 한다.

타이어가 펑크가 났어요.
→ (펑크난 타이어를 갖고 있어요) J'ai un pneu plat. [차에 대해]
→ (내가 펑크났어요) Je suis à plat. [사람에 대해]

제 차는 견인되었어요.
Ma voiture s'est fait remorquer. [차에 대해]
→ (내가 견인되었어요) Je me suis fait remorquer. [사람에 대해]

영업 안 합니다 / 가게문이 닫혔어요 → 우리는 닫혔어요.
Le magasin est fermé.
→ Nous sommes fermés.

죄송합니다만 표가 매진인데요. → 우리는 꽉 찼습니다.
Je suis désolé.
Tous les billets sont (vendus / épuisés).
Toutes les places sont (vendues / parties / prises).
→ Nous sommes complets.

통화가 끊겼어요.
L'appel a été coupé.
→ On a été coupés.

4 원인을 주어로

옆에 있는 친구가 갑자기 나를 뒤에서 툭 쳤을 때 우리는 보통 "야, 너 때문에 놀랐잖아!"라고 말한다. 이럴 때 프랑스인은 어떻게 말할까? "Je suis surpris(e) à cause de toi !"라고 할까? 아니면, "Je suis surpris(e) de toi !"라고 할까? 천만에! 이렇게 말하는 프랑스인은 없다.

이럴 때 프랑스어에서는 "Tu m'as surpris(e) !"라고 표현한다. 더 전형적인 표현은 "Tu m'a fait peur !"(네가 나를 겁나게 했다)이다. 프랑스어에서는 나의 의지와 아무런 관련 없이 외적인 요인으로 내가 그 행위의 대상이 되었을 때는 나를 주어로 놓지 않고 목적어로 놓는다. 이를 모르면 아무리 프랑스어를 공부해도 이렇게 자주 쓰이는 표현이 머리에 떠오르지 않는다. 그것은 프랑스어식 사고방식이나 프랑스어식 표현법을 모르기 때문이다.

다음 표현들을 보자. 모두 우리에겐 특별한 훈련이 없이는 쓸 수 없는 것들이다.

(그 말을 들으니) 안심이 되는군요.
Ça me rassure.

아, 신경질 나!
Ça m'énerve !

그 분이 돌아가시다니 가슴이 찢어지는 듯 합니다. → **그의 죽음이** 내 가슴을 찢는 듯해
Sa mort me brise le coeur.

그렇다면 이 경우의 프랑스어식 사고방식이나 프랑스어식 표현법은 무엇인가? 그것은 한 마디로 원인을 주어로 표현하려는 경향이다. 따라서 다음과 같은 공식을 머리 속에 각인시켜야 하겠다.

나는 A 때문에 B했다. ⇒ A가 나를 B하게 만들었다.

그렇다면 원인을 우리말식으로 'à cause de'나 'parce que'같은 표현으로 쓰면 프랑스어식 표현이 아닌가? 그렇지는 않다. 그런 표현도 물론 쓰인다.

다만 사람이 의지를 가지고 한 일일 경우에는 사람을 주어로 하여 문장을 구성하지만, 그렇지 않은 경우, 즉 자신이 행위의 대상이 된 경우에는 자신을 목적어로 하여 문장을 구성하는 것, 그리고 원인(그것이 다른 사람이건 아니면 사물이나 사건이건)을 주어로 놓고 문장을 꾸미는 것이 가장 자연스럽다는 사실이다.

예를 들어 서비스 담당자가 내방자나 고객에게 어떤 용무가 있어서 오게 되었는지를 물을 때 "어떻게 오셨어요?"라고 한다. 이때 "왜 오셨어요?"라고 해서는 안 된다. 이는 너무 공격적이다. 당연히 프랑스어에서도 "Pourquoi êtes-vous venu(e) ?"라고 하지 않는다. 어떤 문제나 용무로 인해서 오게 된 것이지 어떤 목적을 위해 의도적으로 온 것이 아니기 때문이다. 이럴 때 프랑스어로 자연스럽게 쓸 수 있는 표현이 원인을 주어로 하는 구문이다.

어떻게 오셨나요? → 무엇이 당신을 여기에 오게 했나요?
Qu'est-ce qui vous amène ici ?

그런데 사람을 목적어로 놓고 원인을 주어로 놓는 문장은 한국인에게는 흔치 않은 형식이기 때문에 특별한 노력 없이는 잘 쓰지 못한다. 심지어 머릿속에 잘 떠올리지조차 못한다.

물론 그렇다고 해서 이 구문이 우리에게 영원히 어려운 것만은 아니다. 연습을 한다면.

이제부터 원인을 주어로 놓는 구문에 대해 알아보자.

4.1 사역형으로

원인-결과의 의미를 사역형으로, 즉 외부적인 원인이 결과의 행동을 하도록 만든다는 형태로 나타내는 방법에는 크게 세 가지 방식이 있다.

그 첫째는 사역동사 'faire' 또는 rendre를 쓰거나 준사역 동사를 쓰는 방식이고, 둘째는 『기능동사 + 명사』를 쓰는 방식이며, 셋째는 하나의 일반동사를 쓰는 방식이다.

이 절에서는 앞의 두 방식을 알아보고 다음 절에서 셋째 방식을 알아보자.

사역동사로 표현하기

☞ 『faire + 부정법』, 『faire + que 절』

사역동사 'faire'에다 부정법 동사를 놓거나 que 절을 놓아서 원인-결과를 표현하는 방식이다. 이런 구문을 많이 사용하여 익히는 것이 필요하다.

...하게 만들다 faire + 부정법 동사

더위 때문에 타이어가 터졌어. → 더위가 타이어를 터지게 했어요.

La chaleur a fait éclater le pneu.

그 노래 때문에 내 젊은 시절이 생각났다 → 그 노래가 내 젊은 시절을 생각나게 했다.

La chanson m'a fait songer à ma jeunesse.

...하게 만들다 faire + que 절

병으로 그는 일을 할 수가 없었다 → 그의 병은 그가 일할 수 없게 만들었다.

Sa maladie a fait qu'il n'a pas pu travailler.

그 사고로 나는 제 시간에 도착할 수 없었다.
Cet incident a fait que je n'ai pas pu arriver à temps.

너무 늦게 일어나는 바람에 지각했어요.
Je me suis levé trop tard. Ce qui fait que je suis arrivé en retard.

나태함으로 그는 거액을 잃었다. → 나태함이 그가 거액을 잃게 만들었다.
Sa négligence a fait qu'il a perdu beaucoup d'argent.

사역 구문에서 목적어(행위주) 다음에 부정법 동사가 아니라 형용사가 올 때는 faire가 아니라 rendre를 쓴다.

☞ 『rendre + 명사 + 형용사』

그 사람은 발명으로 유명해졌지. → 발명이 그를 유명하게 했어.
Son invention l'a rendu(e) célèbre.

그 친구, 그 소식을 듣더니 기분이 좋아졌어. → 그 소식이 그 친구를 기분 좋게 했어.
Cette nouvelle l'a rendu gai(e).

고향 생각이 나는군. → 그게 나를 향수에 젖게 하는군.
Ça me rend nostalgique.

그 친구, 그 일 때문에 미쳤어[정신 나갔어].
Cela l'a rendu(e) (fou(folle) / dingue / cinglé(e))
Cela l'a fait perdre la tête.

쟤 왜 저렇게 과격해졌어?
Qu'est-ce qui l'a rendu si tout-fou ?

☞ 『tenir + 명사 + 형용사』

rendre의 의미에 지속의 의미를 더한 것이 tenir이다. 즉 '계속 ~하게 하다'라는 의미의 tenir를 이용하는 표현방식이다. 다음과 같이 『tenir + 사람 + 형용사/부사』의 패턴이다.

너무 더워서 밤새 잠을 못 잤어. → 극도의 더위가 밤새 나를 일어나 있게 했어.
L'extrême chaleur m'a tenu(e) éveillé toute la nuit.

☞ 준사역동사로

사역의 의미를 나타내는 몇 개의 동사들이 있는데 우선 대표적인 것이 '~할 수 있게 하다'를 뜻하는 permettre이다. 이는 'permettre + à 명사 + de 부정법'의 패턴으로 쓰인다.

...할 수 있게 해주다 permettre

버스를 타면 10분 만에 갈 수 있어요. → 버스는 10분 만에 갈 수 있게 해 줘요.
Le bus (vous) permet de venir en dix minutes.

저는 일 때문에 나갈 수 없어요. → 제 일이 제게 나갈 수 있게 해 주지 않아요.
Mon travail ne me permet pas de sortir.

그렇게 하면 시간을 벌 수 있을 거예요. → 그것이 시간을 벌 수 있게 해줄 거예요.
Cela nous permettra de gagner du temps.
Cela nous permettra d'économiser du temps.

규정 때문에 이 곳에 주차할 수 없습니다. → 규정이 이곳에 주차를 허용하지 않습니다.
Les règlements ne permettent pas le stationnement en cet endroit.

법 때문에 이 곳에 건물을 지을 수 없어요. → 법이 이 곳에 건축할 수 있도록 하지 않아요.
La loi ne (vous) permet pas de construire à cet endroit.

그는 유산을 물려받은 덕에 은퇴할 수 있었지요.
Son héritage lui a permis de se retirer.

돈만 있으면 많은 일을 할 수 있죠. → 돈이 많은 일을 하도록 해 주죠.
L'argent vous permet de faire beaucoup de choses.

...할 수 없게 하다 empêcher

일 때문에 나갈 수 없어요. → 일이 나갈 수 있게 해 주지 않아요.
Mon travail m'empêche de sortir.

비 때문에 오후에 스키를 탈 수 없었어요. → 비가 오후에 스키 타지 못하게 했어요.
La pluie nous a empêché de skier dans l'après-midi.

비켜 줄래, 너 때문에 안 보여. → 네가 나를 보지 못하게 해.
Pousse-toi, tu m'empêches de voir.

너무 더워서 밤새 잠을 못 잤어. → 극도의 더위가 밤새 나를 일어나 있게 했어.

La chaleur extrême m'a empêché(e) de dormir toute la nuit.
L'extrême chaleur m'a tenu(e) éveillé toute la nuit.

...하게 만들다 pousser

그 소식 때문에 난 절망에 빠졌어요.

La nouvelle m'a poussé(e) (à désespérer / au désespoir).
La nouvelle m'a désepéré(e).

돈이 필요해서 그(녀)는 도둑질을 했다.

Le besoin d'argent l'a poussé(e) à voler.

모험심 때문에 그(녀)는 남미로 떠났다.

Son goût d'aventures l'a poussé(e) à partir pour l'Amérique du Sud.

...하도록 요구하다 obliger

돈 때문에 그(녀)는 그 일을 받아들여야 했다.

L'argent l'a obligé(e) à accepter le travail.

겁이 나서 그(녀)는 입을 다물어야 했다.

La crainte l'a obligé(e) à se taire.

그는 직업상 자주 여행을 해야 한다.

Son métier l'oblige à voyager souvent.

『사역 기능동사 + 명사』로

faire, donner, mettre 등의 기능동사에 술어명사를 결합시켜 만드는 사역 구문이다. 예를 들어 'avoir mal'(아프다)의 사역형은 'faire mal'이다. '기능동사'란, 명사 자체가 이미 술어 역할을 하는 경우에(예를 들어 mal 자체가 '아픔'을 뜻하는 술어명사) 이와 결합하는 (예를 들어 avoir 같은) 동사를 말한다. avoir mal('아픔을 가지다' → 아프다)로부터 faire mal('아픔을 주다', 즉 아프게 하다)라는 사역 구문이 탄생한다. (기능동사에 관해서는 졸저 『유창한 프랑스어를 위한 단어결합법』(도서출판 씨엘)을 참조)

아프게 하다 faire mal
너 때문에 팔이 아프잖아. → 네가 내 팔을 아프게 하잖아.
Tu me fais mal au bras.

이 이가 아파요? → 이 이가 당신을 아프게 해요?
Cette dent, ça (vous) fait mal ?

여기, 아파요? → 이것이 당신을 아프게 해요?
Ça vous fait mal ?

굉장히 아파(요).
Ça (me) fait très mal.

안 아플 거야. 겁먹지 마.
Ça ne te fait pas mal. N'aie pas peur.

'avoir peur'(겁이 나다)의 사역형은 'faire peur'이다.

겁나게 하다 faire peur

(너 때문에) 겁먹잖아! → 네가 날 겁나게 했잖아.

Tu m'as fait peur.

난 겁이 나. → 그것이 나를 겁나게 해.

Ça me fait peur.

너 때문에 무척 놀랐어.

Tu m'as fait une drôle de peur.

이 같은 방식의 사역 구문을 조금 더 살펴보자.

겁나게 하다(속어) faire le trac

혼자 가는 거 겁나지 않니? → 혼자 가는 게 너를 겁나게 하지 않니?

Ça te fait pas de trac d'y aller seul(e) ?

응 겁났어. → 나를 겁나게 해.

Ça m'a fait le trac.

오싹하게 하다 faire froid

그 일은 생각만 해도, 등골이 오싹해. → 등을 오싹하게 해.

Rien que d'y penser, ça me fait froid dans le dos.

욕구를 주다 donner envie

광고를 보니까 차를 사고 싶어지는군. → 광고가 차를 살 욕구를 주는군.

La publicité m'a donné envie d'acheter une voiture.

충격을 주다 donner un choc

저는 그것 때문에 충격을 받았어요. → 그것이 저에게 충격을 주었어요.

Cela m'a donné un choc.

화나게 하다 mettre *qn* en colère

너 그러면 그 사람이 화낸다. → 네가 그 사람의 화를 돋군다.

Tu vas le mettre en colère. (=Tu vas le vexer.)

야기하다, 초래하다 causer + 명사

그 일 때문에 많이 걱정했어. → 그 일이 많은 걱정을 초래했어.

Cette affaire m'a causé bien des ennuis.

그것 때문에 조금이라도 불편하시다면, 제게 말씀해 주세요. → 그것이 조금이라도 당신을 불편하게 한다면

Si ça vous cause le moindre ennui, dîtes-le-moi.

야기하다, 초래하다 amener + 명사

너무 수줍음을 타면, 그것도 괴로울 수 있지. → 괴로움을 야기할 수 있지.

Quand on est trop timide, ça peut amener des ennuis.

4.2 사역의 뜻을 가진 하나의 타동사로

프랑스어는 이처럼 원인을 주어 위치에 놓는 표현법이 있다 보니 사역의 뜻을 가진 타동사가 매우 많이 발달해 있다. 그 수가 엄청나게 많다. 여기서는 자주 쓰이는 것들 몇 가지를 제시하니 익혀 두도록 하자. 이는 결국 어휘력을 증강시키고 인과관계를 나타낼 때 이런 단어들을 쓰는 훈련을 하는 것이다. 그렇지 않으면 한국인들은 이 같은 표현을 거의 쓰지 못한다.

젊게 보이게 하다 rajeunir

그 헤어스타일이[때문에] 젊어 보이세요! → 그 헤어스타일이 당신을 젊게 해요!

Ça vous rajeunit, cette coiffure !

예쁘게 보이게 하다 embellir

그 치마를 입으니 더 이쁘다! → 그 치마가 널 예쁘게 해!

Cette jupe t'embellit !

생각나게 하다 rappeler

그 애를 보면 그 애 아버지가 생각이 나. → 그 애가 자기 아버지를 생각나게 해.

Cet enfant me rappelle son père.

뭔가 생각나게 하다 dire quelque chose

그거 어디서 들어 본 거 같은데. → 뭔가 나에게 말하는데.

Ça me dit quelque chose.

조이다 serrer, gêner

칼라가 너무 좁아서 목이 좀 조여요. → 좁은 칼라가 목을 조여요.

Ce col est trop étroit, ça me (serre / gêne) au cou.

새 구두가 꽉 끼여요. → 새 구두가 나를 조여요.

Ces souliers neufs me (serrent / gênent).

방해하다 déranger

담배 좀 피워도 되겠습니까? → 담배 피우는 게 방해가 되겠습니까?

Est-ce que ça vous dérange si je fume ?

(문 열고 들어가면서) 제가 방해가 되지 않을까요?

Je vous dérange ?

데리고 오다[가다] ramener

날씨가 나빠서 집에 들어왔지. → 날씨가 나를 집에 오게 했지.

Le mauvais temps m'a ramené(e) à la maison.

붙잡아 놓다 retenir

일 때문에 사무실에 (붙들려) 있었지. → 일이 나를 붙들었지.

Le travail m'a retenu(e) au bureau.

늦게 만들다 attarder

차가 밀려서 늦었습니다. → 교통체증이 나를 늦게 만들었어.

Les embouteillages m'ont attardé(e).

돈이 들게 하다 coûter

얼마 들었어? → 그것이 너에게 얼마를 들게 했어?

Combien ça t'a coûté(e) ?

200유로 들었어.

Ça m'a coûté(e) 200 euros.

나는 그 일로 많은 돈이 들었어. → 그 일은 나에게 많은 돈을 들게 했어.
Cela m'a beaucoup coûté(e).

너 그 일로 돈 많이 들었구나! → 그 일은 너에게 많은 돈을 들게 했구나!
Cela t'a beaucoup coûté(e).

(시간을) 잡아먹다, 걸리게 하다 prendre

거기 가는 데 시간이 얼마나 걸려요? → 거기 가는 것이 시간을 얼마 잡아먹어요?
Cela prend combien de temps pour y aller ?

(차로 / 걸어서) 시간이 얼마나 걸려요? → (차로 / 걸어서) 시간을 얼마나 잡아먹어요?
Cela prend combien de temps (en voiture / à pied) ?

이 일 마치는 데 일 주일 걸렸어요. → 이 일 마치는 것이 나한테 일 주일 걸리게 했어요.
Cela m'a pris une semaine pour finir ce travail.

여행은 이틀 걸립니다. → 여행은 이틀을 잡아먹습니다.
Le voyage prend deux jours.

(그 사람 / 너), 뭐가 이렇게 오래 걸려? → 무엇이 (그 사람 / 너)한테 그렇게 많은 시간을 걸리게 해?
Qu'est-ce qui (lui / te) prend autant de temps ?

상처가 나게 하다 blesser

신발 때문에 발에 상처가 났어요. → 신발이 발에 상처를 나게 했어요
Les chaussures m'ont blessé(e) les pieds.

좋게 하다 faire du bien
너한테는 테니스가 좋을 거야.
Le tennis te fera du bien.

신선[시원]하게 하다 rafraîchir
비 때문에 바람이 시원해졌어. → 비가 바람을 시원하게 했어.
La pluie a rafraîchi l'air.

중단시키다 interrompre
비 때문에 경기가 중단되었습니다. → 비가 시합을 중단시켰습니다.
La pluie a interrompu le match.
Le match a été interrompu à cause de la pluie.

불게 하다 grossir
비 때문에 중량천이 갑자기 불었어요. → 비가 중량천을 갑자기 불게 했어요.
Les pluies ont subitement grossi la rivière Jungnyang.

눈을 멀게 하다 aveugler
먼지 때문에 눈이 안 보였어요. → 먼지가 나를 눈을 멀게 했어요.
La poussière m'a aveuglé(e).

뚫다 percer
폭탄에 강철판이 구멍이 났어요. → 폭탄이 강철판을 뚫었어요.
La bombe a percé la plaque d'acier.

녹슬게 하다 ronger
금속이 녹이 슬었어요. → 녹이 금속을 녹슬게 했어요.
La rouille a rongé le métal.

4.3 (외인성) 감정의 표현

감정은 크게 두 유형으로 나눌 수 있다.

그 하나는 감정의 원인이 내부에 있는 내인성 감정이다. '사랑하다, 좋아하다 aimer', '싫어하다 détester' 같은 동사들이 그러하다. 이들은 우리말과 그 기본적 표현법이 같다. 내인성 감정은, 한국어나 프랑스어나 동일하게 (감정을 느끼는) 주체를 주어로 표현하고, (그 감정이 지향하는) 대상을 목적어로 놓는 것이 기본적인 표현방식이다.

감정을 느끼는 주체 ⇒ 주어
감정의 지향 대상 ⇒ 목적어

다른 하나는 감정의 원인이 외부에 있는, 외인성 감정이다. 유쾌하거나(기쁨, 안심, 관심, 감동 등) 불쾌한(슬픔, 공포, 모욕, 걱정, 권태 등) 감정이 외부의 원인에 의해 발생되는 현상을 표현할 경우로서, 이 부류는 우리말과 표현법이 다르다.

한국어의 경우 외인성 감정은 (감정을 느끼는) 주체를 주어로 놓고, 감정을 야기한 외부적 요인을 '~때문에'라는 형태의 부사적 성분으로 놓는다.

감정을 느끼는 주체 ⇒ 주어
감정의 원인 ⇒ ~때문에

그러나 프랑스어에서는 감정의 원인을 주어로 놓고 감정을 느끼는 주체를 오히려 목적어로 놓고 표현하려는 경향이 강하다.

감정의 원인 ⇒ 주어
감정을 느끼는 주체 ⇒ 목적어

따라서 이 같은 프랑스어식 표현에 익숙해지도록 연습을 해야 한다.

☞ *감동*

감동시키다 toucher

그 영화는 눈물겹게 감동적이었어요. → 나를 감동시켰어요.

Le film m'a touché(e) jusqu'aux larmes.

감동시키다 attendrir

이 장면은 모든 이의 마음을 감동시키기에 충분했습니다.

Cette scène a suffi pour attendrir (le coeur de) tout le monde.

☞ *걱정*

걱정하게 하다 tracasser

상황이 굉장히 걱정스러워. → 상황이 나를 굉장히 걱정시켜.

La situation me tracasse (beaucoup / fort).

(공포가) 사로잡다 obséder

요즘은 모든 사람들이 실업의 공포에 사로잡혀 있습니다. → 실업의 공포가 모든 사람을 사로잡습니다.

Ces temps-ci la peur du chômage obsède tout le monde.

☞ *관심, 열정*

관심[흥미]을 갖게 하다 intéresser

난 거기에 관심이 있어. → 그것이 날 관심을 갖게 해.

Ça m'interesse.

난 그거 관심 없어.

Ça ne m'interesse pas.

푹 빠지게 하다 passionner

그 친구, 영화라면 푹 빠져.

Les films le passionnent.

마음을 사로잡다 subjuguer

클린턴의 연설은 청중의 마음을 사로잡지 못했어요.

Le discours de Clinton n'a pas subjugué ses auditeurs.

열광시키다 transporter

다들 월드컵에 열광하지요. → 월드컵은 사람들을 열광시키지요.

La Coupe du Monde nous transporte.

☞ 공포

무섭게 하다 terrifier

마을 사람들이 유령 때문에 공포에 사로잡혀 있어요.

Les fantômes terrifient les villageois.

질겁하게 하다 effaroucher

가격을 보면 고객들이 질겁을 할 거야. → **가격이** 고객들을 질겁하게 할 거야.

Les prix effaroucheront les clients.

☞ 권태

지겹게 하다 ennuyer

그 친구는 정말 지겨워. → 그 친구는 나를 지겹게 해.

Il[Elle] m'ennuie à mourir.

☞ *기쁨, 즐김*

재미있게 하다 amuser
그 친구 농담 때문에 우리는 즐거웠요.
Sa plaisanterie nous a bien amusé(e)s.

☞ *평안, 위로, 안심*

안심시키다 rassurer
안심이 되는군요.
Ça me rassure.

선생님 말씀을 들으니 안심이 되는군요.
Vos paroles me rassurent beaucoup.

그 소식을 듣고는 마음이 놓였어요.
La nouvelle m'a rassuré(e).

(마음을) 편안하게 하다, 평온하게 하다 apaiser
나는 **요가를 하면** 마음이 편안해져. → **요가는** 나의 마음을 편안하게 해.
Le yoga apaise mon esprit.

네 말을 들으니 기운이 나네.
Tu me remontes le moral.

☞ *놀람*

(뜻하지 않은 일로) 놀라게 하다 surprendre
놀랐니? → 이게 널 놀라게 하니?
Ça te surprend ?

(이해가 가지 않는 이상한 일로) 놀라게 하다 étonner

이 장면에 관객들이 놀랐죠. → 이 장면이 관객들을 놀라게 했어요.

Cette scène a étonné les spectateurs.

왜 사람들이 그런 하찮은 일로 서로 싸우는지 모르겠어. → ... 것이 날 놀라게 해.

Cela m'étonne de voir les gens se quereller pour de pareilles broutilles.

그럼 그렇지. → 그건 날 놀라게 하지 않아.

Ça ne m'étonne pas.

설마 그러려구? → (만일 그렇다면) 그건 날 정말 놀라게 할거야.

Ça m'étonnerait.

(부러움으로) 경탄하게 하다 ébahir

그 사람의 솜씨에 경탄을 금치 못했지.

Sa virtuosité m'a ébahi(e).

(기분좋게) 놀라게 하다 épater

뤽이 마리를 놀라게 해 주려고 2층에서 뛰어내렸어요.

Luc a sauté du premier étage pour épater Marie.

난감하게 하다 déconcerter

그렇게 대답하는데 정말 난감하더군.

Cette réponse m'a bien déconcerté(e).

충격을 주다 choquer

그 소식 때문에 어머님이 충격을 받으셨어요. → 그 소식이 어머님께 충격을 주었어요.

Cette nouvelle a choqué ma mère.

물론 필요에 따라 수동태로 표현할 수도 있다.

강한 인상을 주다 frapper

그 사람들이 서로 닮은 것이 너무나 인상적이었어.

J'ai été frappé(e) par leur ressemblance.

놀라 자빠지게 하다 renverser(구어)

그녀가 그 소식에 놀라 자빠지더군.

Elle a été renversée de cette nouvelle.

☞ 슬픔

(마음을) 상하게 하다, 상처를 주다 blesser, atteindre, contrarier

이 사건이 Sylvie의 자존심에 상처를 주었던 거야.

Cette affaire a blessé l'orgueil de Sylvie.

이 말이 Max의 기분을 상하게 했지.

Ceci a atteint le moral de Max.

그 사람이 계속 내 기분을 상하게 하는 거야.

Il n'arrête pas de me contrarier.

☞ *싫음, 곤란함, 성가심*

귀찮게 하다 embêter, emmerder (속어)
나 그거 귀찮아. → 그것이 날 귀찮게 해.
Ça m'ennuie.
Ça m'emmerde. (속어)

나는 니가 귀찮아. → 니가 날 귀찮게 하고 있어.
Tu m'embêtes.
Tu m'emmerdes. (속어).

방해하다, 거북하게 하다 gêner
거북스럽지 않으시겠어요? → 그것이 당신을 거북하게 하지 않겠어요?
Ça ne vous gêne pas ?

나 방해하지 마.
Ne me gêne pas !

쩔쩔매게 하다 embarrasser
그 친구, 그 질문에 쩔쩔매더군.
Cette question l'a embarrassé.

방해하다, 성가시게 하다 troubler, déranger
이거 방해가 되지 않을까 모르겠습니다만...
Excusez-moi de vous déranger, mais ...

☞ *짜증, 화*

신경질나게 하다 énerver

아, 신경질 나! → 그것은 나를 신경질 나게 해.
Ça m'énerve !

나는 그 사람 말을 들으면 신경질이 나. → 그 사람 말은 나를 신경질 나게 해.
Les paroles de cet homme m'énervent.

짜증나게 하다 ennuyer

나는 그 일이 짜증나.
Ce travail m'ennuie.

포크레인 소리 때문에 짜증나 죽겠어.
Le bruit des pelleteuses (m'ennuie / me dérange).

그 여자, 잘난 척 하는 통에 짜증나 죽겠어.
Qu'est-ce qu'elle m'ennuie avec ses chichis !

이거 말씀드리기 뭐한데요…
Ça m'ennuie de vous dire ça …

신경질나게 하다 agacer

그 녀석 건방지게 구는 게 신경질나더라구.
Son impertinence m'agaçait.

화나게 하다 irriter, vexer

그 녀석이 우유부단하게 구는 바람에 화가 나더라구. → 그의 우유부단함이 나를 화나게 해.
Son indécision m'a irrité(e).

너 그러면 그 사람이 화낸다. → 네가 그 사람을 화나게 한다.
Tu vas le vexer. (= Tu vas le mettre en colère.)

☞ **혐오**

질색을 하게 하다, 혐오감을 갖게 하다 dégoûter
그 과자는 정말 질색이야[싫어].
Ces gâteaux me dégoûtent.

5장
존재와 소유의 세계관

1 소유의 세계관

> 인간과 관계된 현상은 인간의 소유(avoir)로!

한국인에겐 '소유'도 '존재'로
프랑스인에겐 '존재'도 '소유'로

우리나라 사람들은 돈의 소유 같은 분명한 소유관계도 '가지고 있다'라고 말하는 대신 그저 '있다'고 한다. '나 돈 가지고 있어'라는 표현보다는 '나(한테) 돈 있어.'라는 표현을 쓴다. 이 말은 '나'라고 하는 장소에 '돈'이라는 물건이 '존재한다'는 뜻이다. 그러나 서구인들은 동양인들에 비해 상대적으로 소유관계에 철저하기 때문에 이런 관계를 당연히 소유관계로 표현한다. 즉 avoir(가지다)를 써서 'J'ai de l'argent.'(나는 돈을 갖고 있다)고 표현하는 것이다. 그리고 더 나아가 소유관계로 볼 수 없는 관계들, 예컨대 친족관계와 친구관계 등에 대해서도 avoir로 표현한다.

저는 형제가 둘 있습니다.
J'ai deux frères.

그는 친구가 많아요.
Il a beaucoup d'amis.

프랑스어는, 여기에 그치지 않고, 우리 앞에 펼쳐진 자연이나 우리가 사용하는 사물, 또 우리가 겪는 여러 가지 현상들을 '존재'가 아니라 인간의 '소유'로 표현한다. 그래서 '어떤 현상이 있다'라고 표현하기 보다는 '사람이 어떤 현상을 갖고 있다'고 표현하는 것이다. 이것은 우리에게 펼쳐지는 모든 현상을 자연이나 사물의 관점이 아니라, 인간의 관점에서 표현하기 때문이고, 이로 인해 자연과 사물들을 인간의 소유물로 보는 경향이 강하기 때문이다.

이처럼 프랑스어에서는 한국어에 비할 수 없을 정도로 avoir를 사용하는 폭이 넓으니, 이 같은 사고방식을 갖추어야 할 것이다. 이제 이러한 표현들에 대해 알아보자.

인간과 관계된 현상은 인간의 소유(avoir)로!

(저희한테) 빈 방이 하나 있습니다.
Il y a une chambre libre. [우리말식]
Nous avons une chambre libre. [avoir식]

우리 집에 저런 기와가 있으면 좋겠다. → 저런 기와를 갖고 있으면 좋겠다.
Ce serait agréable d'avoir des toiles comme ça à la maison.

친구의 사무실에 들어가 보니 사무실의 전망이 좋았다. 그럴 때 다음과 같이 말할 수 있다.

야, 네 방 전망이 좋구나.
Ton bureau donne sur (un beau panorama / une belle vue).

그러나 다음에서 보듯이, '너 좋은 전망을 갖고 있구나'라는 식으로 말할 수도 있다.

Ah, tu as (un beau panorama / une belle vue) de ton bureau.

특히 특정인과 관련되지 않는 경우는 일반인을 지칭하는 on이나 nous를 쓴다.

야, 이곳은 전망이 좋구나.

Ah ! (On a / Nous avons) un beau panorama d'ici.

이처럼 '어떤 것이 있다'라고 말할 때 'avoir'를 쓰는 경우를 몇 가지 살펴보자.

야, 여긴 바다도 있고 산도 있구나!

Ah, ici nous avons la mer et des montagnes !

(댁에는) 가스가 있나요?

Vous avez le gaz ?

여기는 수돗물도 안 나와요. → 우리는 수돗물도 안 갖고 있어요.

Nous n'avons même pas (l'eau courante / l'eau du robinet).

오늘 저녁엔 전기가 안 들어온대요. → 우리는 전기를 안 갖고 있어요.

On dit que nous n'**avons** pas d'électricité ce soir.

우리 사진이 신문에 날거야. → 우리는 신문에 우리 사진을 가질 거야.

Nous aurons notre photo dans le journal.

자연 현상도 avoir로

자연 현상도 인간에게는 중요한 현상이어서 우리가 갖고 있다고, 즉 'nous'를 주어로 하는 'avoir'를 써서 나타낸다.

내일 눈이 온대. → 눈을 가지게 될 거야.

Demain nous **aurons** de la neige.

올 여름은 비가 많이 올 거라고 해. → 비를 갖게 될 거야.
Il paraît que nous **aurons** beaucoup de pluie cet été.

오늘 아침에는 비가 많이 왔어요.
Nous **avons eu** beaucoup de pluie ce matin.

여기는 해가 났어.
Ici, nous **avons** du soleil.
Ici, il y a du soleil.

내일은 해가 별로 안 날 거예요.
On **aura** peu de soleil demain.
Il y aura peu de soleil demain.

오늘 좋은 날씨군요.
Nous avons un beau temps aujourd'hui.

요즘은 날씨가 습하군요.
Nous avons un temps humide ces jours-ci.
On a un temps humide ces-jours-ci.
Il fait humide ces jours-ci.

하늘을 보니 오후에 비가 올 것 같네요.
A en juger par le ciel, (on aurait / nous aurions peut-être) un peu de pluie cet après-midi.

요즘은 일기가 변덕스러워요.
Nous avons une météo capricieuse ces jours-ci.

우리나라 사람이 '한국에 비가 온다'고 하면 주어를 'on'이나 'nous'로 쓴다.

한국에는 여름에 비가 많이 와요.
En Corée (on **a** / nous **avons**) beaucoup de pluie en été.

다른 나라의 기상현상을 말할 때는 'ils'을 쓴다.

런던은 겨울이면 심한 안개가 낍니다.
Ils ont un brouillard (épais / dense) à Londre en hiver.

일본에는 지진이 자주 있어요.
Ils ont souvent des (tremblements de terre / séismes) au Japon.

대화 상대방 나라의 기상 현상을 말할 때는 주어로 vous를 쓴다.

캐나다에는 눈이 많이 와요?
Vous avez beaucoup de neige au Canada ?

2 인간의 속성은 avoir로

2.1 사람의 신체적 특성이나 상태는 'avoir'로!

사람의 신체적 속성

사람의 신체적인 특징을 나타낼 때 프랑스어에서는 그러한 특징을 갖고 있다고, 즉 avoir를 이용하여 표현한다. 예를 들어 '수염' 따위가 '났다', '길렀다'할 때는 'avoir'를 써서 수염을 갖고 있다고 한다.

그 남자는 멋진 콧수염을 길렀어요. → 콧수염을 갖고 있다.
Il **a** une belle moustache.
- moustache는 단수로 쓰는데, 특히 코밑에 난 잔털을 가리킬 때는 부분관사를 쓴다.
  아들 아이가 벌써 콧수염이 났어요.
  Mon fils a déjà de la moustache.

그 사람은 턱수염을 길렀어요. → 갖고 있다.
Il **a** une barbe.

그 사람은 구레나룻을 길렀어요. → 갖고 있다.
Il **a** des favoris.

그 사람은 곱슬머리예요. → 곱슬머리를 갖고 있다.
Il **a** les cheveux (crêpelés / frisés).

그녀는 생머리예요. → 생머리를 갖고 있다.
Elle a les cheveux (lisses / raides).

그녀는 웨이브 진 머리예요.
Elle a les cheveux ondulés.

그녀는 머리가 길어요.
Elle a les cheveux longs.
Elle a de longs cheveux.

그 분은 백발이세요.
Il a les cheveux blancs.

그런데 만일 새치가 많다고 하려면 프랑스어로 어떻게 해야 할까? 다음에서 보듯이 cheveux 앞에 정관사 대신 부정관사를 쓰면 된다.

그 사람, 흰머리[새치]가 많아요.
Il a des cheveux blancs.

신체부위 명사 앞에 정관사를 쓰면 그 부위 전체를 가리키게 된다. 그래서 les cheveux라고 하면 머리카락 전체를 가리키는 것이다. 그러나 부정관사를 쓰면 그 신체부위의 일부를 가리키게 되기 때문이다.

저는 머리숱이 많아요.
J'ai beaucoup de cheveux. / J'ai les cheveux épais.

그 사람은 머리숱이 적던데.
Il a les cheveux rares. / Il a les cheveux peu épais.

그는 대머리예요. → 머리카락을 별로 갖고 있지 않다.
Il a peu de cheveux.

그는 얼굴이 둥글어요. → 둥근 얼굴을 갖고 있어요.
Il a le visage rond.

그녀는 얼굴이 갸름해요. → 갸름한 얼굴을 갖고 있어요.
Elle a le visage mince.

그녀는 얼굴이 계란형이에요. → 계란형 얼굴을 갖고 있어요.
Elle a le visage ovale.

그녀는 얼굴이 귀여워요. → 귀여운 얼굴을 갖고 있어요.
Elle a le visage mignon.

그녀는 눈이 참 커. → 큰 눈들을 갖고 있어.
Elle a les yeux très grands.
Elle a de très grands yeux.

그는 들창코야. → 위로 들린 코를 갖고 있어.
Il a le nez retroussé.

그는 코가 오똑해요. → 뾰족한 코를 갖고 있어요.
Il a le nez pointu.

그는 코가 납작해요.
Il a le nez plat.

댁의 아이는 이가 가지런하군요.
Votre enfant a les dents droites.
Votre enfant a une bonne dentition.

그 애는 뻐드렁니야.
L'enfant a des dents de lapin.

그는 입술이 두툼해요.

Il a les lèvres épaisses.

그는 입술이 얇아요.

Il a les lèvres minces.

그는 이마가 넓어요.

Il a le front large.

그는 광대뼈가 튀어나왔어요.

Il a (des / les) pommettes hautes.

그 노인은 등이 굽으셨어요.

Le vieil homme a le dos (courbé / voûté).

그 노인네는 등이 꼿꼿하세요.

Ce vieil homme a le dos droit.

그는 풍채가 좋아요.

Il a une bonne allure.

Il a une belle apparence.

그는 풍채가 당당하다.

Il a une allure imposante.

그녀는 몸매가 좋아요.

Elle a une bonne figure.

Elle a une (bonne / belle) ligne.

Elle a un beau corps.

저는 심장이 약해요. → 약한 심장을 가지고 있어요.

J'ai le coeur fragile.

그는 심장이 튼튼해요. → 튼튼한 심장을 갖고 있어요.

Il a le coeur robuste.

그 사람, 귀가 좀 먹었어.

Il a l'oreille dure.

그 여자는 피부가 검어요.

Elle a la peau foncée.

아버지는 청력이 좋으세요.

Mon père a une bonne ouïe.

아버지는 청력이 나쁘세요.

Mon père a une mauvaise ouïe.

그는 운동 신경이 좋아요.

Il a de bons réflexes.

그 선수는 반사신경이 뛰어나요.

Cet athlète a des réflexes rapides.

그는 반사신경이 둔해요.

Il a des réflexes lents.

그 선수는 지구력이 강합니다.

Cet athlète a une bonne résistance physique.

그녀는 시력이 (좋아요/나빠요). → 시력을 갖고 있다.

Elle a (bonne / mauvaise) vue.

아버님께서는 건강이 (좋으세요/나쁘세요). → 건강을 갖고 있다.

Mon père a une (bonne / mauvaise) santé.

한편, '정신'도 신체부위와 마찬가지로 '갖고 있다'고 한다.

이 아이는 두뇌가 명석합니다. → 명석한 정신을 갖고 있다.

L'enfant a de la clarté d'esprit. / L'enfant a l'esprit lucide.

그 노인은 마음은 젊으세요. → 젊은 마음을 갖고 있다.

Le vieux a le coeur jeune.

Le vieux garde un esprit d'enfant.

마음이 무거워.

J'ai le coeur lourd.

난 기억력이 나빠요.

J'ai une mauvaise mémoire. / J'ai la mémoire courte.

사람의 일시적 신체 현상

신체의 일시적인 현상도 avoir를 써서 표현한다.

코가 막혔습니다. → 막힌 코를 갖고 있다.

J'**ai** le nez bouché.

코가 자꾸 흘러요. → 흐르는 코를 갖고 있어요.

J'ai le nez qui coule.

너 손이 (차구나 / 얼음 같구나).

Tu as les mains froides.

손이 더럽구나, 가서 씻어라.

Tu as les mains sales. Va te les laver.

배에 가스가 찼어. → 가스를 갖고 있어요.

J'ai des gaz.

입안이 써요.

J'ai la bouche amère.

오른 쪽 폐에 뭐가 있는데요. → 뭔가를 갖고 있다.

Vous **avez** quelque chose au poumon droit.

어깨가 뻐근해요. → 뻣뻣한 어깨를 갖고 있어요.

(한쪽 어깨) J'ai l'épaule (raide / tendue / courbaturée).

(양쪽 어깨) J'ai les épaules (raides / tendues / courbaturées).

안색이 (좋으시군요 / 나쁘시군요).

Vous avez (une) (bonne / mauvaise) mine aujourd'hui.

혈색이 좋으시군요.

Vous avez un bon teint.

위에서 말했듯이 마음도 신체 현상과 동일하게 avoir로 표현한다.

왠지 마음이 무거워.

Je ne sais pas pourquoi, mais j'ai le coeur lourd.

상처 따위가 '났다'고 할 때도 'avoir'로

상처 따위가 '났다'고 할 때도 상처를 '갖고 있다'고 한다. 그리고 다리가 붓거나 알이 배는 등 신체에 어떤 증상이 나타날 때에도 '갖고 있다', 즉 avoir를 써서 표현한다.

상처가 나다 avoir une blessure

아이가 손에 상처가 났어요. → 상처를 갖고 있다.

Cet enfant a une blessure à la main.
Cet enfant est blessé à la main.

주근깨가 나다 avoir des taches de rousseur

우리 집 딸애가 주근깨가 났어요. → 주근깨를 갖고 있다.

Ma fille a des taches de rousseur.

종기가 나다 avoir un abcès

입 안에 종기가 났어요. → 종기를 갖고 있어요.

J'ai un abcès dans la bouche.

아기가 엉덩이에 종기가 났어.

L'enfant a un abcès à la fesse.

부스럼[여드름]이 나다 avoir des boutons

얼굴에 부스럼[여드름]이 났어요.

J'ai des boutons sur le visage.

저는 요즘 얼굴에 부스럼이 잘 나요.
J'ai souvent des boutons sur le visage ces jours-ci.

혓바늘이 나다 avoir des boutons sur la langue
혓바늘이 돋았어요.
J'ai des boutons sur la langue.

화상을 입다 avoir une brûlure
그 환자는 피부에 화상을 입었어요.
Le malade a des brûlures sur la peau.

물집이 생기다 avoir des ampoules
물집이 생겼어요.
J'ai des ampoules.

다리에 알이 배다 avoir des courbatures
다리에 알이 배었어요.
J'ai des courbatures dans les jambes.

쥐가 나다 avroir une crampe
다리에 쥐가 났어요?
Vous avez une crampe à la jambe ?
Avez-vous une crampe au mollet ?

벌레에 물린 경우, 다음과 같이 표현한다.

벌레에 물렸어요.
J'ai une piqûre d'insecte.

신체부위의 어딘가가 부은 경우에는 다음과 같은 패턴을 이용한다.

~가 붓다 avoir + 신체부위 + gonflé

편도선이 부었어요.

J'ai les amygdales gonflées.

다리가 부어올랐어요.

J'ai les jambes gonflées.

병도 갖고 있다 avoir로

'병에 걸리다'도 병을 '갖고 있다'고 한다.

병에 걸리다 avoir une maladie

나 병에 걸렸어. → 병을 가지고 있다.

J'ai une maladie.

감기에 걸리다 avoir un rhume

너 감기 걸렸구나! → 감기를 가지고 있구나!

Tu as un rhume !

독감에 걸리다 avoir (une / la) grippe

요즘 독감에 걸린 사람들이 많아요.

Ces temps-ci, il y a beaucoup de monde qui ont la grippe.

너 독감 걸렸구나!

Tu as la grippe !

암에 걸리다 avoir (un / le) cancer

아버지가 암에 걸리셨어요.

Mon père a le cancer.

간염에 걸리다 avoir l'hépatite

그 친구 급성[만성]간염에 걸렸대요.

Il[Elle] a l'hépatite aiguë[chronique].

저는 당뇨가 있어요.

J'ai le diabète.
- 저는 당뇨병 환자예요. Je suis diabètique.

에이즈에 걸리다 avoir le SIDA

그 사람은 에이즈 환자예요.

Il a le SIDA.
- '에이즈'는 프랑스어로 SIDA로, 후천성 면역 결핍증을 뜻하는 Syndrome Immuno-Déficitaire Acquis의 약자이다.

맹장염에 걸리다 avoir (une / l')appendicite

맹장염이시군요.

Vous avez l'appendicite.

'증상'도 마찬가지로 '가지고 있다'고 한다.

통증이 있다 avoir une douleur

가슴에 통증이 있어요.

J'ai une douleur dans la poitrine.

열이 나다 avoir de la fièvre

열이 좀 나요.

J'ai de la fièvre.

• 참고 : 열이 38도예요. J'ai 38 de fièvre.

현기증이 나다 avoir des vertiges

현기증이 나요.

J'ai des vertiges.

구토증이 있다 avoir des nausées

토할 것 같아요.

J'ai des nausées.

설사가 나다 avoir la diarrhée

설사가 나요.

J'ai la diarrhée.

오한이 나다 avoir des frissons

오한이 나요.

J'ai des frissons.

심장마비가 오다 avoir une crise cardiaque

10년 전에 심장마비가 온 적이 있었어요.

J'ai eu une crise cardiaque il y a dix ans.

생리통이 있다 avoir des règles douloureuses

생리통이 있어요.

J'ai des règles douloureuses.

2.2 사람의 내적 속성도 'avoir'로!

성격도 avoir로

신체적인 현상을 '가지고 있다'고 하는 사람들이 태어날 때부터 갖고 있는 성격을 '가지고 있다'고 하지 않을 리가 있겠는가?

그(녀)는 성격이 좋아요. → 좋은 성격을 갖고 있어요.
Il[Elle] a (un) bon caractère.

그 사람은 성격이 나빠요. → 나쁜 성격을 갖고 있어요.
IlIl[Elle] a (un) mauvais caractère.

그 친구는 성격이 내성적이에요.
Il[Elle] a un caractère introverti.

그 친구는 성격이 외향적이에요.
Il[Elle] a un caractère extraverti.

그 아이는 잘 토라지는 성격이에요.
Le garçon a un caractère boudeur.

그 사람은 성격이 차가와.
Il a un caractère froid.

그 사람, 성격이 좀 변덕스러워요.
Il a un caractère un peu changeant.

그 여자는 기질이 비관적이에요.
Elle a un tempérament pessimiste.

그는 성격이 급해요.

Il a un caractère vif.

그녀는 성격이 원만해요.

Elle a un caractère sociable.

그는 형하고 성격이 똑같아요. → 그는 그의 형과 똑같은 성격을 갖고 있어요.

Il a le même caractère [tempérament] que son frère.

그의 성격은 마음에 안 들어. → 그는 내가 좋아하지 않는 성격을 갖고 있어요.

Il a un caractère que je n'aime pas.

사람의 특성도 avoir로

성격 이외에 사람의 여러 가지 특성도 'avoir'를 써서 갖고 있다고 표현한다.

그 아이는 재치가 번득여요. → 번득이는 재치를 갖고 있어요.

Le garçon a l'esprit vif.

그 친구는 마음이 따뜻해. → 따뜻한 마음을 갖고 있어요.

(Il / Elle) a un coeur chaleureux

(Il / Elle) est chaleureux(se).

그 여자는 목소리가 예뻐요.

Elle a une belle voix.

그 여자는 목소리가 남자같애요.
Elle a une voix d'homme.
Elle a la voix d'un homme.

저도 어렸을 때는 기억력이 좋았어요.
Quand j'étais petit(e), j'avais une bonne mémoire.

그 여자는 공간 기억력이 좋아.
Elle a une bonne mémorisation de l'espace.

그 친구는 취향이 이상해.
Il a des goûts bizarres.

'태도'나 '행동', '사고방식' 등도 마찬가지이다.

그 사람은 태도가 거칠어요.
Il a un abord rude.

그 남자는 행동이 오만해요.
Il a un comportement arrogant.

그 친구 가끔씩 행동이[행동하는 게] 이상해.
Il a parfois des comportements aberrants.

그 녀석 행동거지가[행동하는 게] 양아치 같군.
Ce type-là a une conduite de gangster.

그 아이는 행동거지가[행동하는 게] 반듯해.
Cet enfant a un bon comportement.
Cet enfant a une bonne conduite.

그는 사고방식이 이상해.
Il a une mentalité bizarre.
Il a une façon de penser étrange.

그 여자는 자존심이 강해.
Elle a beaucoup d'amour propre.
Elle a une grande (fierté / estime) d'elle-même.

그 사람, 생각이[생각하는 게] 탁 트였어.
Il a l'esprit large.

그는 속이 좁아.
Il a l'esprit étroit.

그 학생은 수업 태도가 나빠요.
L'élève a une mauvaise attitude dans la classe.

그는 매너가 좋아요.
Il a de bonnes manières.

그 사람은 거동이[거동하는 게] 수상해요.
Il a des allures suspectes.

그 친구, 말투가[말하는 게] 쌀쌀해요.
Il a la parole froide.

그 친구, 운전방식이[운전하는 게] 과격해.
Il a une conduite saccadée.

그 사람은 상황에 대한 평가가[상황에 대해 평가하는 게] 정확합니다.
Il a une appréciation juste de la situation.

그 의사는 진단이[진단하는 게] 틀립없습니다.
Le médecin a un diagnostic sûr.

그 여자는 불어가[불어 하는 게] 완벽해요.
Elle a un français parfait.

그 바이올리니스트는 연주가[연주하는 게] 가볍더군.
Le violoniste a un jeu léger.

그 여학생은 글씨가[글씨 쓰는 게] 반듯해요.
Cet étudiante a une écriture régulière.

그 화가는 채색이[채색하는 게] 밝더군요.
Le peintre a des coloris clairs.

이 작가는 필치가 활기차군요.
Cet auteur a une plume alerte.

그 선수는 백핸드가[백핸드 치는 게] 좀 약해요.
Le joueur a un revers un peu faible.

그 권투선수는 리치가 엄청나게 길어요.
Le boxeur a une allonge remarquable.

그 선수는 기술이 좋아요.
Le joueur a une bonne technique.

그 세일즈맨은 판매술이 좋아요.

Le représentant de commerce a une bonne technique de vente.

사람이 아니라 단체의 특성도 사람과 마찬가지로 표현하면 된다.

이 기업은 판매 전략이 효과적입니다.

Cette entreprise a des stratégies de vente efficaces.

이 축구팀은 작전이 좋아요.

Cette équipe de football a une bonne tactique.

우리 팀은 기록이 (좋아요/나빠요). → (좋은/나쁜) 기록을 갖고 있어요.

Notre équipe a de (bons/mauvais) records.

3 사물의 속성도 avoir로 쓸 수 있다

사물의 특성이나 작용, 추상적 대상의 속성도 그것이 그러한 특성이나 작용, 속성을 갖고 있다고 avoir를 써서 표현한다.

그 집은 전망이 좋아요.
La maison a une belle vue.

그 나라는 기후가 온화합니다.
Ce pays a un climat tempéré.

이 개는 종자가 분명하지 않아.
Ce chien a une race indéterminée.

이 꽃은 향기 (좋다 / 나쁘다).
Cette fleur a une (bonne / mauvaise) odeur.

그 꽃은 향기가 어때?
Cette fleur a quelle odeur ?

그건 맛이 어떨지 모르겠어. → 어떤 맛을 갖고 있는지 모르겠어.
Je ne sais pas quel goût ça a.

이거 맛이 굉장하군(= 맛있다). → 굉장한 맛을 갖고 있군.
Ça a un (drôle de / excellent) goût.
　• 굉장한 drôle de(속어).

이거 맛이 좀 (쓰다 / 시다).
Ça a un goût un peu (amer / acide).

이 천은 바느질이[바느질 해 놓은 게] 촘촘하군요.

Cette étoffe a un tissage sérré.

이 문은 개폐가[여는 게] 자동이죠.

Cette porte a une ouverture automatique.

이 계단은 삐걱이는 소리가 짜증나.

Cet escalier a un grincement agaçant.

이 고체는 용해가 느립니다.

Ce solide a une fusion lente.

이 가스는 연소가[타는 게] 빠릅니다.

Ce gaz a une combustion rapide.

압축 종이는 연소가[타는 게] 느리죠.

Le papier tassé a une combustion lente.

사물의 특성 가운데 길이, 높이, 너비, 무게, 비율 등은 흔히 숫자를 써서 표현하는 경우가 많은데, 이때 역시 avoir를 써서 표현할 수 있다.

이 탁자는 높이가 1미터이군요.

Cette table a une hauteur de un mètre.

그것들은 길이가 같아요.

Ils ont la même longueur.

두 탁자가 높이가 같군요.

Les deux tables ont la même hauteur.

서울은 인구가 1500만명입니다.
Séoul a une population de quinze millions d'habitants.

이 채널은 시청률[청취율]이 20%입니다.
Cette chaîne a une audience de 20%.

이 방송은 시청률이 20%입니다.
Cette émission a un audimat de 20%.

그리고 이 경우에는 항상 「être de」의 형식으로 표현하는 것도 가능하다는 점을 알아두면 좋다.

그건 길이가 3cm예요.
Il a une longueur de 3 cm.
Il est d'une longueur de 3 cm.

이 집은 넓이가 200평방미터입니다.
Cette maison a une surface de 200 mètres carrés.
Cette maison est d'une surface de 200 mètres carrés.

이 산은 높이가 2500미터예요.
Cette montagne a une hauteur de 2 500 mètres.
Cette montagne est d'une hauteur de 2 500 mètres.

이 비행기는 고도가 2000피트입니다.
Cet avion a une altitude de 2000 pieds.
Cet avion est d'une altitude de 2000 pieds.

(이 전기는) 전압이 220볼트입니다.

Ce courant a un voltage de 220 volts.

Ce courant est d'un voltage de 220 volts.

이 대포는 사정거리가 10km예요.

Ce canon a une portée de 10 km.

Ce canon est d'une portée de 10 km.

이 책은 가격이 비싸군요.

Ce livre a un prix élevé.

Ce livre est d'un prix élevé.

후진국들은 대개 출산율이 높습니다.

La plupart des pays sous-développés ont une natalité élevée.

La plupart des pays sous-développés sont d'une natalité élevée.

길이나, 높이, 두께 등 측정의 표현은 형용사로 표현할 수도 있는데, 이 표현도 많이 쓴다.

이 판자는 길이가 3m예요.

Cette planche est longue de trois mètres.

그 나무는 높이가 5m예요.

Cet arbre est haute de 5 mètres.

이 마분지는 두께가 3mm예요.

Ce carton est épais de trois mm.

이 판자는 두께가 10mm예요.

Cette planche est épaisse de dix mm.

이 밴드는 폭이 3cm예요.

Cette bande est large de trois mètres.

물을 때는 다음과 같이 될 것이다.

그 탁자는 높이가 얼마예요?

Cette maison est haute de combien ? [속어]

De combien cette maison est-elle haute ? [표준 구어]

아예 우리말식으로 다음과 같이 물을 수도 있다.

그 강은 폭이 얼마예요?

Quelle est la largeur du fleuve ?

키와 무게를 표현할 때는 다음과 같이 동사로 표현되니 주의하자.

키가 얼마세요?

Combien mesurez-vous ?

1미터 75예요.

Je mesure un mètre soixante-dix-sept.

이 편지는 무게가 얼마지요?

Cette lettre pèse combien ? [속어]

Combien cette lettre pèse-t-elle ? [문어·구어 공통]

저는 몸무게가 70kg입니다.

Je pèse soixante-dix kilo.

4 '있다'는 '가지고 있다'(avoir)로!

다시 강조하지만 프랑스어는 존재를 소유로 표현하는 언어라고 보아도 무방하며, 거기에 우리말과 프랑스어의 근본적인 차이가 있다. 그 차이를 완벽하게 습득하기 위해 '있다'라는 우리말 표현을 'avoir'를 사용하여 프랑스어로 표현하는 체계적인 훈련이 필요하다.

우리말에서 '있다'를 쓰는 문장의 유형을 다음과 같이 나누어 볼 수 있다.

a) 어디에 무엇이 있다
b) 누구에게[누가] 무엇이 있다
c) 무엇에[무엇이] 무엇이 있다
d) 누구에게[누가] 누가 있다

이 각각의 '있다' 구문이 어떻게 프랑스어에서 '가지고 있다'(avoir)로 표현되는지를 살펴보자.

A. 어디에 무엇이 있다

기본적으로 이 유형의 구문은 프랑스어로도 우리말처럼 '있다'를 뜻하는 'il y a'나 'être', 또는 'se trouver'를 쓰면 된다.

여기에 파출소가 있나요?
Est-ce qu'il y a un poste de police par ici ?

그거 몇 페이지에 있어?
Ça se trouve à quelle page ?

출구가 어디 있어요?
Où (est / se trouve) la sortie ?

그런데 프랑스어에서는 이런 표현 말고 'avoir'를 쓰는 표현도 많이 쓴다. 예를 들어, '방이 있다'라고 할 때, 방을 구하는 사람 입장에서는 우리말처럼 말하면 되지만,

학교 앞에 빈 방이 하나 있어.
Il y a une chambre libre devant l'école. [우리말식]

방을 가지고 있는 사람, 즉 집 주인의 경우에는 'avoir'식으로 표현하는 것이 더 자연스럽다.

빈 방이 하나 있습니다.
Nous avons une chambre libre. [avoir식]

특히 장소가 어떤 종류의 조직체(기관, 회사, 학교, 상점 따위)인 경우, 우리말은 '어디에 가면 무엇이 있다'라는 표현을 즐겨 쓴다. '어디 가면 무엇을 구할 수 있다'의 뜻이 된다. 그럴 경우, 프랑어는 막연한 사람들을 뜻하는 'ils'을 써서 '그들이 무엇을 가지고 있다'고, 즉 'Ils ont + 명사'로 표현한다.

거기 가면 빈 방이 하나 있어. → 그들은 빈 방을 갖고 있어.
Ils ont une chambre libre.

관리부에 장비 목록이 있을 거예요. → 그들은 장비 목록을 갖고 있을 거예요.
Ils doivent avoir la liste du matériel à la maintenance.

시청에 가면 홍보자료가 많아요. → 그들은 많은 홍보자료를 갖고 있어요.

Ils ont beaucoup de matériel promotionnel pour les événements à la mairie.

약국에 가면 마스크가 있어요.

Ils ont des masques à la pharmacie.

거기 가면 찾으시는 거 다 있어요.

Ils ont tout ce que vous voulez là-bas.

B. 누구에게[누가] 무엇이 있다

사람에게 어떤 특성이 있다는 표현도 'avoir'를 써서 갖고 있다고 나타낸다.

그 학생은 큰 재능이 있어요. → 큰 재능을 갖고 있어요.

Cet étudiant a un grand talent.

그녀는 친구 사귀는 재주가 있어요.

Elle a un (don/talent) pour se faire des amis.

그 분은 기품이 있으세요. → 기품을 갖고 있어요.

Il a de l'allure.

그 사람은 열정이 있어요.

Il a de l'enthousiasme.

그 친구는 결단력이 있어요.

(Il / Elle) a de la (résolution / détermniation).

그는 참을성이 있어요.

Il a de la patience. / Il est patient.

그 아이는 참을성이 없어.

L'enfant n'a pas de patience. / Cet enfant est impatient.

그녀는 미술에 대한 감각이 있어.

Elle a l'oeil pour l'art.
Elle a du nez pour l'art.
Elle a un bon flair pour l'art.

그는 음악에 대한 감각이 있어.

Il a une bonne oreille pour la musique.
Il a l'oreille musicale.
Il a le sens de la musique.

다리에 감각이 없어요.

Je n'ai aucune sensation dans mes jambes.
Je ne sens plus mes jambes.

그래도 그 친구는 좋은 점이 있어.

(Il / Elle) a toutefois un bon côté.

그 친구는 자신감이 있어.

(Il / Elle) a confiance en soi.

그 국회의원은 이 기업에 영향력이 꽤 있습니다.

Le député a une certaine influence sur cette firme.

그는 이 분야에서 굉장한 영향력이 있어.
Il a beaucoup d'influence dans ce domaine.

감정이 있다고 할 때도 감정을 갖고 있다고 표현한다.

내 친구가 너한테 호감이 있어.
Mon ami a de l'attirance pour toi.

사원들이 사장에게 깊은 유감[감정]이 있습니다.
Les employés ont du ressentiment contre le patron.

C. 무엇에[무엇이] 무엇이 있다

'무엇에[무엇이] 무엇이 있다'는 형식은 대개 대상간의 포함관계나 대상의 특성을 나타내는데, 이 역시 프랑스어에서는 무엇이 무엇을 갖고 있다는 방식으로 표현해야 한다.

포함 관계
☞ *있다* ⇒ *avoir, il y a*

먼저 두 명사 사이에 포함관계가 성립될 때를 살펴보자. 예를 들어 '이 아파트는 방이 3개 있습니다.'라고 할 때 '아파트' 안에 '방'이 포함되는 관계 같은 것을 말한다.
이런 경우에는 우리말식으로 '있다'에 해당하는 'il y a'를 이용한 표현도 가능하고 'avoir'를 쓰는 표현도 가능하다. 그러나 'avoir' 구문이 더 자주 쓰이니 유념하자.

이 아파트는 방이 3개 있습니다.
Il y a trois chambres dans cet appartement. [우리말식]
Cet appartement a trois chambres. [avoir식]

이 열차에 침대차가 있나요?
Est-ce qu'il y a un wagon-lit à ce train ? [우리말식]
Est-ce que ce train a un wagon-lit ? [avoir식]

벽(에 / 이) 구멍이 났습니다. → 벽(에 / 이) 구멍이 있습니다.
Il y a une ouverture dans le mur. [우리말식]
Le mur a une ouverture. [avoir식]

벽에 균열이 갔어요. → 벽에 균열이 있어요.
Il y a une lézarde dans le mur. [우리말식]
Le mur a une lézarde. [avoir식]

장미나무(에)는 가시가 있지요.
Il y a des épines au rosier. [우리말식]
Le rosier a des épines. [avoir식]

그 집은 5층이에요. → 그 집은 5층을 갖고 있어요.
Cette maison (a / possède) cinq étages.

그 집은 정원이 넓어요. → 그 집은 큰 정원을 갖고 있어요.
Cette maison (a / possède) un grand jardin.

이 차에는 선루프가 달려 있습니다. → 이 차는 선루프를 갖고 있어요.
Cette voiture (a / possède / dispose d') un toit ouvrant.

그 호텔에 차고가 있나요? → 그 호텔은 차고를 갖고 있나요?
Est-ce-que l'hôtel (a / possède) un garage ?

이 코트에는 주머니가 없군요. → 이 코트는 주머니를 갖고 있지 않아요.
Ce manteau n'a pas de poches.

이 열차에 침대칸이 있나요? → 이 열차는 침대칸을 갖고 있나요?
Est-ce-que ce train (a / possède) un wagon-lit ?

벽에 구멍이 있습니다[났습니다].
Ce mur a un trou.

내 양말에 구멍이 났어요.
Mes chaussettes ont des trous.

이 우물엔 물이 별로 없군요.
Ce puits a peu d'eau.

이 비행기는 엔진이 네 개 있습니다.
Cet avion a quatre moteurs.

특성

사물의 특성을 나타내는 경우의 '있다'도 우리말식인 'il y a'와 프랑스어 특유의 표현인 'avoir'가 모두 가능하다. 그러나 프랑스어식 표현이 더 자주 쓰이니 연습해 두자.

독일어(에)는 격[격변화]이 있습니다.
Il y a des (cas / déclinaisons) en allemand. [우리말식]
L'allemand a des (cas / déclinaisons). [avoir식]

이 문제는 여러 측면이 있어요.

Il y a plusieurs aspects dans cette question. [우리말식]

Cette question a plusieurs aspects. [avoir식]

한국의 경제 위기에는 여러 가지 요인이 있습니다.

La crise économique de la Corée a plusieurs facteurs.

이 단어에는 특별한 의미가 있습니다. → 이 단어는 특별한 의미를 갖고 있습니다.

Ce mot a un sens particulier.

모든 행동에는 한계가 있습니다.

Toute action a ses (bornes / limites).

내 인내에도 한계가 있단 말이야!

Ma patience a des limites !

이 까페는 분위기가 있어. → 분위기를 갖고 있어.

Ce café a de l'ambiance.

우리 집안은 암의 병력이 있어요. → 병력을 갖고 있어요.

Ma famille a des antécédents (pathologiques / médicaux).

이 포도주는 세계적인 명성이 있습니다. → 명성을 갖고 있어요.

Ce vin a une renommée mondiale.

이 물 맛있는걸.

Cette eau a du goût.

이 요리는 맛이 없어.

Ce plat n'a pas de goût.

그 농담에는 어떤 의미가 있어요.

La (blague / plaisanterie) a un certain sens.

이번 사건은 지난 번 사건과 명백한 관련이 있습니다.

Cette affaire a un (lien / rapport) évident avec la précédente.

끝의 표현
☞ *없다 ⇒ ne pas avoir*

'...이 없다'라고 할 때는 'avoir'의 부정형인 'ne pas avoir'를 쓴다.

이 텍스트는 결론이 없어요.

Ce texte n'a pas de conclusion.

혹은 peu de를 쓰거나, perdre를 써서 표현할 수도 있다.

나무에 이파리가 별로 없군요.

Cet arbre a peu de feuilles.

나무는 이파리가 모두 떨어졌어요.

Cet arbre a perdu toutes ses feuilles.

이제 더 이상 특성이 없다고 할 때는 ne plus를 쓰거나 perdre를 써서 특성을 잃었다고 표현할 수 있다.

이 까페는 옛날 분위기가 안 나.
Ce café n'a plus la même ambiance.
Ce café a perdu son ambiance.

D. 누구에게[누가] 누가 있다 - 인간관계

☞ **인간 관계도 *avoir*로**

친인척 관계나 사회적 관계도 'avoir'로 표현한다. 즉 사람도 사람을 갖고 있다고 표현한다. 예를 들어 '김선생님은 어머님이 편찮으시대.'라고 하면 우리 나라 사람들은 대개 다음과 같이 한다.

김선생님은 어머님이 편찮으시대.
La mère du professeur Kim est malade.

그런데 이는 우리말의 원뜻을 살리지 못하는 표현이다. 따라서 다음과 같이 'avoir'를 써서 하는 것이 좋다.

김선생님은 어머님이 편찮으시대.
Le professeur Kim a sa mère malade. [avoir식]

우리 이웃사람들은 시끄러워.
J'ai des voisins très bruyants.

형용사 대신 'qui'절을 쓸 수도 있다.

김선생님은 어머님이 편찮으시대.
Le professeur Kim a sa mère qui est malade.

그 친구는 위로 누님이 한 분 계셔.

Il a une soeur qui est plus âgée que lui.

그 노인은 슬하에 딸이 하나 있는데, 간호원을 하고 있대요.

Ce vieil homme a une fille qui est infirmière.

다음은 전화에서 자주 나오는 표현이다.

끊지 마세요! 심선생님하고 같이 있는데, 바꿔달래요.

Ne quittez pas ! J'ai Monsieur Shim qui vous demande.

- 'Ne quittez pas !'는 전화 대화에서 쓰는 표현으로 '끊지 마세요.', '잠깐만요.'라는 뜻이다. 물론 너나들이(tutoyer)하는 사이라면 'Ne quitte pas !'가 된다.

사람을 목적어로 하는 avoir 구문을 연습해 보자.

그 친구는 팬이 많이 있어. → 팬을 갖고 있다.

Il a beaucoup de fans.

나는 제자들이 있어.

J'ai des disciples. / J'ai mes élèves

너 LA에 친척이 있니?

Est-ce que vous avez des parents à Paris ?

집에 손님이[누가] 와 있어.

J'ai des invités à la maison.

그 친구는 부모님이 아직 (살아) 계셔.

Il a toujours ses parents

그 친구는 부모님이 안 계셔.

Il[Elle] n'a pas ses parents.

저한테는 훌륭한 선생님이 있어요.

J'ai un professeur respectable.

저는 친구가 별로 없어요.

Je n'ai pas beaucoup d'amis.

너희 반에 예쁜 여자애들 많더라.

Vous avez beaucoup de joilies filles dans votre classe.

그 친구, 재계에 아는 사람들이 많아.

Il a beaucoup de contacts dans le monde des affaires.

모두들 갔지만, 걱정 안 해. 나한테는 네가 있잖아.

Tout le monde est parti, mais je m'en moque. Je t'ai.

저한테는 저를 (도와줄 / 격려해주시는/ 위로해주실) 선생님이 있잖아요.

Je vous ai pour (m'aider / me réconforter / me consoler).
Vous êtes là pour moi.

걱정 마. 너한테는 내가 있잖아.

Ne t'inquiète pas ! Je suis là pour toi.

우리에겐 서로가 있잖아.

Nous nous avons l'un l'autre. / On est ensemble.

난 너밖에 없어.
Je n'ai que toi.
Pour moi, il n'y a que toi.

'잃다'는 우리말과 같이 'perdre'를 쓰면 된다.

나는 제자 하나를 잃었어.
J'ai perdu un disciple.
J'ai perdu (l'un de mes élèves. / un élève).

나는 제자들을 잃었어.
J'ai perdu des disciples.

5 　물건이 아니어도 '가지고'(avoir) '줄'(donner) 수 있다!

소유의 관점에서 표현하는 것을 즐기는 프랑스어에서는 어떤 정보를 구할 때나 주문을 하여 원하는 것을 얻으려 할 때, '내가 ...을 가질 수 있느냐?'라는 식으로 표현하는 경향이 많이 있다.

또 만일 어떤 정보가 '가질' 수 있는 것이라면, '줄' 수도 있는 것이다. 여기에서 avoir의 짝인 donner가 나타나는데, 이런 이유로 donner 역시 avoir와 더불어 프랑스어에서 매우 자주 쓰이는 동사가 된다..

꼭 물건이 아니라도 '가질' 수 있고 '줄' 수도 있다고 생각해 보자!

5.1 문의 / 주문할 때는 avoir로

문의를 하거나 주문할 때 쓰는 '... 있어요?'는 프랑스어로 '... 갖고 계세요?'라고 표현한다. 이것은 한국 사람들도 비교적 쉽게 사용하는 표현이다.

☞ *... 있어요?* ⇒ *Avez-vous ... ?*

빵이 있나요?

Avez-vous du pain ?

비빔밥 있어요?

Vous avez du bibimbap ?

에미넴 새 앨범 있어요?

Est-ce que vous avez le nouveau album d'Eminem ?

프랑스 담배 있어요?

Avez-vous des cigarettes françaises ?

더 (큰 / 작은) 사이즈 있어요?
Avez-vous une (taille / pointure) plus (grande / peitite) ?

이거 다른 색깔 있어요?
Avez-vous le[la] même dans une autre couleur ?

티셔츠가 필요한데 빨간 거 있나요?
J'ai besoin d'un T-shirt. En avez-vous un rouge ?

죄송하지만 파란 거 밖에 없는데요.
Je suis désolé(e). Nous n'en avons qu'en bleue.

더 싼 것은 없나요?
Est-ce-que vous n'avez pas quelque chose de moins cher ?

더 좋은 것 있나요?
Avez-vous quelque chose de meilleur?

같은 색상으로 더 큰 것 있어요?
Avez-vous quelque chose de plus grand mais de même couleur ?

이 사이즈로 같은 디자인 있어요?
Avez-vous le même (design / style / modèle) de cette taille ?

검정색으로 같은 디자인 있나요?
Avez-vous le même (design / style / modèle) en noir?

같은 디자인으로 좀 더 작은 거 있나요?
Avez-vous le même modèle dans une plus petite taille?

당뇨병 환자에 좋은 거 있나요?

Avez-vous quelque chose pour diabétiques ?

(생선 / 해물)은 어떤 종류가 있나요?

Quelle sorte de (poissons / fruits de mer) avez-vous ?

중고품도 있나요?

Avez-vous aussi des articles d'occasion ?

이 때, 주인이나 종업원은 'nous avons'을 써서 대답한다.

예, 많이 있습니다.

Oui, nous en avons beaucoup.

죄송합니다만 그 상품은 없는데요.

Je regrette, mais nous n'avons pas cet article.

☞ ... 할 수 있나요? ⇒ (Puis / Pourrais)-je avoir ... ?

'영수증 좀 주시겠어요?'라고 하고 싶을 때 '영수증 가질 수 있나요?'라고 표현하는데, 이때 'Est-ce que je peux avoir ... ?' 혹은 'Est-ce que je pourrais avoir ... ?'를 쓰거나 격식체로 'Puis-je avoir ... ?' 혹은 'Pourrais-je avoir ... ?'를 써도 좋다.

계산서 좀 주시겠어요? → 계산서 가질 수 있나요?

Puis-je avoir l'addition ?

Est-ce que je pourrais avoir l'addition s'il vous plaît ?

영수증 좀 주시겠어요? → 영수증 가질 수 있나요?
Puis-je avoir le reçu ?
Pourrais-je avoir le reçu s'il vous plaît?

비용 견적서 좀 주시겠어요?
Je pourrais avoir (un prix approximatif / une estimation de prix) ?
Est-ce qu'il serait possible d'avoir (un prix approximatif / une estimation de prix) ?

이런 식의 표현은 매우 흔한 것이고, 또 우리 입장에서는 구체적인 우리말 표현을 직역하려 할 때의 어려움을 벗어날 수도 있기 때문에 연습해 두어야 하겠다.

건강진단서 좀 뗄 수 있나요? → 건강진단서를 가질 수 있나요?
Puis-je avoir un certificat médical ?

주민등록등본 좀 뗄 수 있나요?
(Est-ce que)Je pourrais avoir (une copie de) mon enregistrement de domicile ?

- '주민등록증'은 'carte nationale d'identité'로, '주민등록번호'는 'numéro nationale d'identité' 혹은 'numéro de carte d'identité' 정도로 표현할 수 있겠다.

예금 잔고 증명서 좀 뗄 수 있나요?
Est-ce que je pourrais avoir une copie de mon (relevé de compte / relevé bancaire) ?

디저트 대신에 이거 먹을 수 있나요?
Pourrais-je avoir ça à la place du dessert ?

물 좀 주실 수 있나요?

Est-ce que je pourrais avoir de l'eau?

((식당에 들어가서)) 6명인데, 같이 앉을 수 있나요? → 6명이 앉을 좌석을 가질 수 있나요?

Pourrions-nous avoir une table pour six ?

창가 자리에 앉을 수 있나요? → 창가 자리를 가질 수 있나요?

Pourrions-nous avoir une table près de la fenêtre ?

☞ ...(갖다) 주시겠어요? *Puis-je avoir ... ? / Pourrais-je avoir ... ?*

... 좀 더 갖다 주시겠어요?

Puis-je avoir encore un peu de ... ?

Je pourrais en avoir (un peu) plus ?

물 좀 더 갖다 주시겠어요?

Est-ce que je pourrais avoir (un peu) plus d'eau?

커피 한잔 더 주시겠어요?

Est-ce que je pourrais avoir un autre (café) ?

새것으로 갖다 주시겠어요?

Je pourrais (en) avoir un (neuf / nouveau) ?

메뉴판 좀 주시겠어요?

Puis-je avoir la carte ?

Pourrais-je avoir la carte (des menus) ?

접시 좀 갖다주시겠어요?

Est-ce que je pourrais avoir une assiette?

Pourrais-je avoir une assiette?

나이프 좀 갖다 주시겠어요?

Est-ce que je pourrais avoir un couteau?

젓가락보다 포크 좀 갖다 주시겠어요?

Pourrais-je avoir une fourchette plutôt que des baguettes ?

신문 같은 것 좀 갖다 줄 수 있나요?

Est-ce que je pourrais avoir un journal ou quelque chose comme ça ?

Puis-je avoir quelque chose comme un journal ?

불 좀 빌려 주실래요?

Vous avez du feu ? / Vous auriez du feu ?

리필 좀 해 주실래요?

Pourrais-je en avoir (encore / un(e) autre), s'il vous plaît ?

Pourriez-vous me resservir ?

이 서류에 서명[사인] 좀 해주시겠어요?

Puis-je avoir votre signature sur ce papier ?

Voulez-vous signer sur ce papier ?

사인 좀 해주시겠어요?

Est-ce que je peux avoir votre autographe ?

여권 좀 보여 주시겠어요?
Puis-je avoir votre passeport ? / Puis-je voir votre passeport ?

211호 룸 좀 연결해 주시겠어요?
Est-ce que je pourrais avoir la chambre 211 ?

음악 좀 틀어 주실 수 있나요?
Est-ce qu'on pourrait avoir de la musique ?

5.2 '알고 있다'는 avoir로 '알려주다'는 donner로

프랑스어에서는 '(그 사람의) 주소를 알고 있다'('savoir son adresse')를 '주소를 갖고 있다'('avoir son adresse')'는 식으로 표현하는 경우가 많다. 마찬가지로 '주소를 알려 주다'라고 할 때 '주소를 말해 주다'('dire son adresse')보다는 '주소를 주다'('donner son adresse')라고 표현하는 경우가 더 많다.

주소 좀 말씀해 주시겠어요? → 주소 좀 주시겠어요?
Pouvez-vous me donner votre adresse ?

이 문장은 'dire'를 쓴 'Pouvez-vous me dire votre adresse ?'보다 구어에서 훨씬 더 많이 쓰인다.
'말해 주다'를 '주다(donner)'로 하기 때문에, 상대방의 입장에서는 '가지다'가 되어 'avoir'를 쓸 수 있다.

주소 좀 말씀해 주시겠어요? → 제가 주소를 가질 수 있을까요?
Puis-je avoir votre adresse ?

상대방에게 '달라'고 하거나 '가져도 되냐'고 물어도 마찬가지인 것이다.

성함 좀 (말씀해 / 불러) 주시겠어요?
Pouvez-vous me donner votre nom ?
Est-ce que je peux avoir votre nom ?

이때 'donner'의 목적어는 마치 물건처럼 'le' / 'la' / 'les' 중 하나로 대명사화되기도 한다. 따라서 다음과 같은 표현이 가능해진다.

-- 제가 말씀 안 드렸던가요? → 그것을 안 드렸던가요?
Je ne vous l'ai pas donné ?

-- 제 생각엔 말씀드렸던 것 같은데요. → 드렸던 것 같은데요
Je crois que je vous l'ai donné.
Je crois vous l'avoir donné.

그러므로 이제부터 다음의 대화 대신에,

-- 너 그 친구 전화번호 아니? Tu connais son numéro ?
-- 그럼 좀 말해 줘. Dis-le-moi.

다음과 같이 말하도록 하자.

-- 너 그 친구 전화번호 갖고 있니? Tu as son numéro ?
-- 그럼 좀 줘. Donne-le-moi.

이런 식의 사고방식으로 표현하는 것을 더 보자.

예약번호를 불러 주시겠어요?
Est-ce que je pourrais avoir votre numéro de réservation ?

잊어버렸는데요. 대신 주민번호를 알려드리면 안 될까요?
Je l'ai oublié. Puis-je vous donner mon numéro d'identité à la place ?

저한테 틀린 번호를 알려 주셨더군요. → 틀린 번호를 주셨더군요.
Vous m'avez donné un faux numéro.

우리가 자주 쓰는 다음과 같은 표현도 이런 식의 표현에서 나온 것이다.

제가 몇 살로 보이세요? → 제게 몇 살을 주시겠어요?
Quel âge me donnez-vous ?

서른살로 보이시는데요. → 서른살 드릴께요.
Je vous donnerai trente ans.

꾸밈없이 사실을 말씀 드리죠. → 사실을 드리죠.
Je vous donnerai les faits (sans broderie / franchement).

요리법 좀 가르쳐 줄래요? → 레시피 좀 줄래요?
Puis-je avoir la recette ?

6장
개인주의 vs 집단주의

잘 알려져 있듯이 한국은 집단주의 사회이고 프랑스는 개인주의 사회이다. 집단주의 사회에서는 개인의 이익보다 집단의 존속이 우선시 된다. 그런데 집단이 존속하려면 무엇보다 집단을 이루고 있는 구성원 사이의 관계 유지가 중요한데, 이로 인해 상호간의 행동과 언어에 대한 다양한 장치가 발달하게 된다. 프랑스어에는 없는 존댓말이 한국어에서 발달한 것은 이때문이다.

집단주의 사회에서 형성된 한국어는 사람들 사이의 관계와 상황에 따라 그에 적절한 표현들이 체계적으로 발달하였다. 의견 표명을 할 때 사람들 사이에 오해를 불러일으킬 수 있는 직접적이고 직설적인 표현보다는 우회적인 의견의 표명이 더욱 발달하게 되고, 또 감정 표현에 있어서도 상황에 따라 섬세한 차이를 반영하는 것이 필요하게 되어 소극적인 표현과 적극적인 표현이 구분되어 발달하게 되었다. 또한 사람들 사이의 관계가 중요하므로 사람의 행위가 의도적인 것인지 비의도적인 것인지를 구별하여 표현하는 방식이 발달하였다.

반면에 프랑스는 개인주의 사회이기 때문에 집단 유지보다 개인의 이익이 우선시 된다. 따라서 구성원 간의 안정적 관계 유지를 위한 장치보다 개인 간의 소통에 있어서 분명한 의견의 표명과 감정의 적극적 표현이 더욱 중요하고 필요하다.

이 같은 두 언어의 표현 방식의 차이로 인해 한국인 학습자가 프랑스어로 표현을 하려 할 때 한국어의 방식으로 의견과 감정을 표현하려는 경향으로 인해 자연스러운 프랑스어 표현을 쓰지 못하는 경우가 많다. 이에 관해서 학습해 보자.

1. 감정의 적극적 표현

개인주의 사회에서 살아가는 서양인은 어렸을 때부터 자신의 감정과 생각을 분명히 드러내는 것이 중요하다고 교육받으며 자란다. 감정을 적극적으로, 분명히 드러내는 것이 그렇지 않은 것보다 바람직한 것으로 배우는 것이다. 감정을 적극적으로 표현하지 않거나 분명하게 드러내지 않는 사람은 솔직하지 못한 사람이고 나아가 음흉한 사람으로 취급받을 수 있다.

반면에 동양인은 자신의 감정을 솔직하게 드러내지 않도록 교육받으며 자라는데, 만일 감정을 지나치게 분명하게 드러내는 것은 경솔한 사람으로 간주될 있으며 나아가 예의에 어긋나는 행동을 하는 사람으로 취급되기도 한다. 이러한 경향으로 인해 한국인은 감정을 표현할 때 소극적으로 나타내는 경향이 강하다. 한국에서 감정을 나타내는 어휘의 구조를 보자.

다음에서 a)는 감정을 소극적으로 나타내는 반면 b)는 적극적으로 나타내고 있다.

   a) 난 네가 좋아. / 네가 마음에 들어. [소극적]
   b) 널 좋아해 / 널 사랑해. [적극적]

   a) 난 그 사람이 싫어. [소극적]
   b) 난 그 사람을 싫어해. [적극적]

우리말에는 이 같은 구분이 매우 체계적이다. 그래서 '좋다'뿐 아니라 다음과 같이 대단히 많은 감정 형용사가 이러한 차이를 가지고 체계적으로 존재한다.

   무섭다 – 무서워하다, 괴롭다 – 괴로워하다, 힘들다 – 힘들어하다,
   즐겁다 – 즐거워하다, 기쁘다 – 기뻐하다, etc.

그런데 한국인들은 특별한 경우가 아니면 소극적인 방식의 표현을 즐겨 쓴다. 그러니까 예컨대 파티에서 만난 사람이 좋은 넥타이를 매고 있을 경우, 그 사람에게 "넥타이 좋습니다!"라고 하지 "저는 선생님의 넥타이를 좋아합니다!"라고 말하지 않는 것이다.

반면에 프랑스어에는 소극적 / 적극적 표현의 체계적 구분도 없을 뿐 아니라, 우리말로 치면 적극적 표현에 해당하는 것을 기본적으로 사용한다. 즉 방금 예시한 상황에서 프랑스인은 "J'aime bien votre cravate."라고 하는 것이다. 한국어식으로 "Votre cravate est bonne."라고 하는 프랑스인은 없다.

그러므로 자연스러운 프랑스어 표현을 하기 위해서 한국인은 적극적으로 감정을 표현하려는 마음을 가져야 한다.

(한)소극적 표현 ⇒ (프)적극적 표현

콘서트 (좋았어요 / 재미 있었어요). → 저는 콘서트를 좋아했어요.
J'ai bien aimé le concert.

음식 괜찮았어요? → 음식을 좋아하셨어요?
Est-ce que vous avez aimé les plats ?

저녁 식사가 괜찮았습니까? → 저녁 식사를 좋아하셨어요?
Avez-vous (aimé / apprécié) le dîner ?

진열장 안에 있는 게 마음에 들어요. → 좋아해요.
J'aime (celui / celle) (qui se trouve) dans la vitrine.

전 시골이 좋아요, 특히 봄에요. → 전 시골을 좋아해요.
J'aime la campagne, surtout au printemps.

그 사람 말하는 게 마음에 안 들어. → 좋아하지 않아.
Je n'aime pas sa façon de parler.

나는 당신과 얘기하는 게 좋아요. → 좋아해요.
J'aime (parler / converser / bavarder) avec vous.

가끔씩 그 사람들 만나는 게 좋아요. → 좋아해요.
J'aime les voir de temps à autre.

전망이 좋은 집이 좋겠어요.
J'aimerais une maison avec vue.

프랑스가 점점 더 마음에 들어요.
J'aime de plus en plus la France.

'싫다'도, '좋다'를 '좋아하다'(aimer)로 표현하듯이, '싫어하다'(détester)로 표현한다. 다만 이것이 너무 강한 느낌을 주므로 '좋아하지 않다'(ne pas aimer)로 우회적인 표현을 하는 경우가 많다.

그 여자 웃는 모습이 싫어. → 싫어해
Je déteste sa manière de rire.

너는 왜 아이스크림이 싫으니?
Pourquoi détestes-tu les glaces ? / Pourquoi n'aimes-tu pas les glaces ?

이런 말하기 싫지만 →
나는 이것을 말하기 싫어해요, 하지만... / 이런 말하기 죄송합니다만
Je répugne à le dire mais ...
Je suis désolé (de vous dire / d'avoir à vous dire / de vous l'annoncer) mais ...

난 그런 음악은 싫어 → 좋아하지 않아.
Je n'aime pas cette sorte de musique.

난 사람들이 그 얘기하는 게 싫어. → 좋아하지 않아요.
→ Je n'aime pas que les gens en parlent.

어떤 일의 상황이나 진척 정도를 묻고자 할 때 'Comment se passent + 명사'(~이 어떻게 되어가느냐?) 패턴을 쓸 수 있으나, 이때도 보다 적극적으로 aimer를 써서 표현해 보자.

학교생활은 재미있니? / 학교생활은 좀 어떠니?
Est-ce que tu aimes bien ta vie d'étudiant(e) ? /
Comment se passe ta vie étudiant(e) ?

공부가 재미있니? / 공부가 어떻게 되고 있니?
Est-ce que tu aimes bien tes études ? /
Comment se passent tes études ?

새 일이 재미있으세요? / 새 일이 어때요?
Vous aimez bien votre nouveau (boulot / job) ? /
Comment ça se passe (dans / avec) votre nouveau (boulot / job) ?

만일 꼭 소극적인 표현을 써야 할 것 같으면, plaire(마음에 들다) 동사를 써서 표현하면 된다.

저 남자가 맘에 들어.
Cet homme-là me plaît.

전 저런 음악 별로예요.

Cette sorte de musique ne me plaît pas beaucoup.

이처럼 aimer의 목적어는 plaire의 주어가 되므로 때에 따라 plaire 대신에 'être aimé(e)'를 쓸 수도 있다.

모든 사람의 마음에 들 수는 없는 법이죠.

On ne peut pas plaire à tout le monde.

On ne peut pas être aimé (de / par) tout le monde.

☞ *감정 표현은* 「*avoir + 감정명사*」*로*

'난 그 개가 무서워.'라고 하면 프랑스어로 어떻게 할까? '나는 그 개를 무서워해'라고 생각해야 할 것이다. 프랑스어에서는 감정에 관한 이 같은 표현으로는 기본적으로 「avoir + 감정명사」라는 형식을 쓴다.

난 그 개가 무서워. → 그 개를 무서워하다. → 무서움을 가지다.

J'ai peur du chien.

뱀은 소름 끼쳐. → 뱀을 공포스러워하다. → 공포심을 가지다.

J'ai horreur des serpents.

너 때문에 챙피해 죽겠어. → 너를 챙피해해. → 수치심을 가지다.

J'ai honte pour toi.

그 사람들, 불쌍해[안됐어]. → 나는 그 사람들을 불쌍해해.

J'ai de la pitié pour eux. / J'ai pitié d'eux.

불안해. → 불안감을 가지고 있어요.

J'ai de l'anxiété. / Je suis anxieux(se).

허탈해. → 허탈감을 가지고 있어.

J'ai un sentiment de vide.

전 LA에 정이 들었어요. → 애정을 갖고 있어요.

J'ai un attachement particulier pour Los Angeles.

그 사람, 나한테 유감이 있어요.

Il a (de la / une) rancune contre moi.

내 친구가 너한테 호감이 있어.

Mon ami a de l'attirance pour toi.

사원들이 사장에게 깊은 유감[감정]이 있습니다.

Les employés ont du ressentiment contre le patron.

그 사람은 이 문제에 커다란 관심이 있어요.

Il a un grand intérêt pour ce problème.

만감이 교차합니다. → 혼합된 감정을 갖고 있어요

J'ai des sentiments (mélangés / divers / variés).

우리말 '기분'에 대한 가장 가까운 프랑스어 어휘는 humeur라고 할 수 있다. 그런데 이 humeur는 「avoir + 감정명사」라는 형식으로 쓰이지 않는다는 점에 주의해야 한다. 『être de + 형용사 + humeur』의 형식으로 쓰인다.

저는 기분이 좋아요.

Je suis de bonne humeur.

저는 기분이 나빠요.

Je suis de mauvaise humeur.

한편 기분이 좋거나 나쁜 것을 표현하는 또 다른 방법이 있는데, 다음과 같다.

기분 좋아요.

Je me sens bien.

기분이 나빠요.

Je me sens mal.
Je ne me sens pas bien.

기분이 더 좋군요.

Je me sens mieux.

이 같은 「se sentir + 형용사」 형식은 느낌이 어떻다는 의미이므로 감정이나 느낌을 나타낼 때 자주 사용한다.

☞ '~한 느낌이 든다'는 *se sentir*로

정말 바보가 된 느낌이야.

Je me sens vraiment stupide.

그 사람 행동하는 게 정나미가 떨어져요.

Je me sens dégoûté par sa conduite.

이 방은 갑갑하네요.[답답해요]

Je me sens étouffé dans cette pièce. / On étouffe dans cette pièce.

자유로운 느낌이에요.

Je me sens libre.

죄책감이 느껴져요.(죄지은 느낌이에요)

Je me sens coupable.

「se sentir + 형용사」 형식으로 된 문장들은 (se sentir를 être로 교체하여) 「être + 형용사」 형식으로 쓰일 수도 있다. 그러나 이 때 두 구문은 의미상의 차이를 가진다. 「se sentir + 형용사」는 '~한 느낌이 든다'는 뜻인 반면에 「être + 형용사」 는 '~하다'의 뜻인 것이다. 예컨대 'se sentir coupable'은 '죄지은 느낌이다'는 뜻이고 être coupable은 '죄가 있다'는 뜻이다.

기분이 가라앉아 있어요.

Je (me sens / suis) déprimé(e).

창피해요.

Je (me sens / suis) honteux(se).

질투가 나요.

Je (me sens / suis) jaloux(se).

배신당한 느낌이야.

Je (me sens / suis) trahi(e).

그 남자가 무서워요.

Je (me sens / suis) (apeuré(e) / effrayé(e)) par lui.

우리말에는 '멀미가 나다'라는 표현이 있지만 프랑스어에는 특별히 이런 표현이 없다 다만 '아픈 느낌이다'라고 표현한다.

몸상태가 안 좋아요. / 멀미가 나요.
Je me sens malade.

차를 오래 (타면 / 탈 때마다) 멀미가 나요.
Je me sens malade (quand / chaque fois que) je prends la voiture pendant trop longtemps.

표현을 제대로 할 수 없어서, 예를 들어 외국어로 말해야 할 때처럼 답답할 때는 frustré(e)를 쓴다.

아, 답답해.(표현을 제대로 할 수 없어서)
Je me sens frustré(e).

프랑스어를 못하니 참 답답하군요.
Je me sens frustré(e) parce que je ne parle pas bien.

한국 학생들은 프랑스어를 어려워해요.
Les étudiants coréens (se sentent / sont) mal à l'aise avec la langue française

2 의견의 명시적 표현

아이에게 '내일 장난감 하나 사줄게.'라고 했다면 그것은 아이에게 '약속'이라는 행위를 한 것이 된다. 그런데, 이 때 약속이라는 행위를 보다 적극적으로 할 수도 있는데, 그것은 '약속'이라는 표현을 직접 사용하는 것이다. 즉 '내일 장난감 하나 사주는 거 약속할게.'라고 말이다.

'충고'라는 행위를 명시적으로 언급할 때는 '내가 너한테 충고 하나 할게.'라고 표현할 수 있을 것이다. '제안'을 할 때도 '내가 제안 하나 할게.'라고 표현할 수 있다. 이처럼 행위를 직접적으로 표현하는 문장을 '수행문'(énoncé performatif)이라 한다.

프랑스어에서도 마찬가지로 이같은 표현, 즉 수행문을 쓴다.

약속 promettre
약속할게.
Je te le promets.

충고 conseiller, donner un conseil
내가 너한테 충고 하나 할게.
Je te donne un conseil.

추천 recommander
좋은 식당을 추천해 주시겠어요?
Pouvez-vous me recommander un bon restaurant ?

제안 proposer, faire une proposition
내가 제안을 하나 할게.
Je te fais une proposition.

그러나 우리말은 수행문을 별로 좋아하지 않는다. 너무 직접적이고 지나치게 적극적인 표현이라고 생각하기 때문이다.

예컨대, 충고를 받고 싶을 때, '그럼, 제가 어떻게 하는 게 좋을까요?'라고 하지, '저한테 어떤 것을 충고하시겠습니까?'라고는 잘 하지 않는다. '제안'을 할 때, '이 영화 보러 갑시다.'라고 하지, '저는 이 영화를 보러 가시기를 제안합니다.'라고는 하지 않는 것이다. 상대에게 어떤 행위를 '금지'하려 할 때, '내 몸에 손 대지 마!'와 같은 명령문을 쓸 뿐, '나는 너에게 내 몸에 손대는 것을 금지해.'라고 하지는 않는다.

그러나, 우리말과 달리, 프랑스어는 이같은 적극적이고 직접적인 표현을 매우 자주 쓴다. 프랑스어는 분명하고 명료한 표현을 좋아하기 때문이다.

이렇게 적극적인 표현을 쓰면 결례가 아닐까 하고 생각하여 표현이 떠올라도 주저하는 경우가 있는데, 우리말처럼 결코 결례까지는 되지 않으니 과감하게 쓰기 바란다. 또 돌려서 얘기한다고 다른 표현을 찾으면 프랑스어로 말하는 것이 더욱 어려질 뿐이다.

다음과 같은 표현들이 자주 쓰이니 학습해 두도록 하자.

충고, 조언 conseiller

제가 어떻게 하는 게 좋을까요? → 저한테 어떤 것을 충고하시겠습니까?

Qu'est-ce que vous me conseilleriez (de faire) ?

Que me conseilleriez-vous de faire?

택시 타시는 게 좋을 걸요. 멀거든요.

Je vous conseille de prendre un taxi. C'est loin.

택시 타는 게 좋을까요?

(Suggéreriez / conseilleriez)-vous de prendre un taxi?

Est-ce que vous me (suggérez / conseillez) de prendre un taxi?

밤 열시 이후에는 지하철을 타지 마세요.

Je vous conseille de ne pas prendre le métro après vingt-deux heures.

과식하지 않도록 하세요.

Je vous conseille de ne pas trop manger.

Je vous déconseille de trop manger.

제안 proposer

이 영화 보러 갑시다. → 저는 이 영화를 보러 가시기를 제안합니다.

Je vous propose d'aller voir ce film.

제과점에 들리자. → 들리기를 제안한다.

Je propose qu'on passe à la boulangerie.

그에게 물어보지 그래요. → 그에게 물어볼 것을 제안해요.

Je suggère que vous lui demandiez.

Je vous suggère de lui demander.

전문가에게 맡기지 그래요. → 전문가에게 맡길 것을 제안해요.

Je vous (suggère / propose) de (laisser / confier / demander) cela à un expert.

상대에게 어떤 것을 제안하기 위해, "~하는 거 어때요?"라고 물을 때가 있다. 이때 프랑스어에서는 "~에 대해 뭐라고 말할 겁니까?"라는 의미의 "Qu'est-ce que vous dites de ~ ?"라고 한다. 그러니까 상대의 의향을 물으면서 직접적으로 상대에게 '당신이 어떻게 말할 것인지'를 묻는 것이다.

산책하는 거 어때요?

Qu'est-ce que vous (dites / diriez) d'aller vous promener avec moi ?

Qu'est-ce que vous (dites / diriez) qu'on aille se promener ?

제가 저녁을 사려는데, 어때요?

Je vous invite à dîner. Qu'est-ce que vous dites ?

그렇게 하는 거 어때요?

Qu'est-ce que vous dites de cela ?

거절 refuser

안 됩니다. → 저는 거절합니다

Je refuse.

다음은 우리나라 사람들은 결코 혹은 거의 쓰지 않을 프랑스어의 수행문 표현들이다.

금지 interdire

내 몸에 손 대지 마! → 나는 너에게 내 몸에 손대는 것을 금지한다.

Je t'interdis de me toucher !

- 수행문이 아닌 일반 문장으로는 "Ne me touche pas !"라고 한다.

담배 피우지 마세요! → 담배 피우는 것을 금지합니다.

Je vous interdis de fumer !

고집 insister

하지만 난 그렇게 해야겠어. → 하지만 나는 고집해.

Mais j'insiste !

- 고집 부리지 말아요. 그는 꼼짝도 안 할 거에요!
  N'insistez pas, il ne veut pas bouger !

복종 obéir

엄마 말씀 잘 들어라! → 엄마한테 복종해라!

Obéis à ta maman !

승낙 accepter

좋습니다. 그렇게 하지요. → 받아들이겠습니다.
J'accepte.

당신의 제안에 따르겠습니다.
J'accepte votre offre.

그 여자가 온다고 할 리가 없지. → 오는 것을 승낙지 않을거야.
Elle n'acceptera pas de venir.

좋습니다. 가셔도 됩니다.
C'est (OK / d'accord), j'accepte que vous partiez.

허락 permettre

밖에 나가도 좋아. → 밖에 나가는 것을 허락하지.
Je te permets de sortir.
Je t'autorise à sortir.

희망, 바램, 기원 vouloir, désirer, souhaiter, espérer

그렇게 되었으면 좋겠어요. → 그렇게 되기를 바래요.
Je (voudrais / souhaite / désire) que cela soit fait.
J'espère que cela (est / sera) fait.

내일 니가 여기 있으면 좋겠어. → 니가 여기 있기를 바래.
Je (désire / souhaite) que tu sois là demain.

제가 선생님 입장이라면 좋겠어요. → 제가 선생님 입장이었으면 하고 바래요.
Je voudrais bien être à votre place.

새해 복 많이 받으세요. → 새해 복 많이 받기를 기원합니다.
Je vous souhaite une bonne année.

꼭 행복하시길 바랍니다.
Je vous souhaite plein de bonheur.

내게 행운을 빌어줘!
Souhaite-moi bonne chance !

확인 confirmer
틀림없습니다. → 확인합니다.
Je confirme.

요구 demander
얼마 받으시면 되겠어요? → 얼마를 요구하세요?
Combien demandez-vous ?

요청, 당부 demander
시간 좀 꼭 지켜 주세요. → 시간을 지켜 주실 것을 당부합니다.
Je vous demande d'être à l'heure.

규칙을 꼭 지켜 주세요. → 규칙을 지킬 것을 당부합니다.
Je vous demande de respecter les règles.

주의깊게 들어 주세요. → 주의를 기울이기를 요구합니다.
Je vous prie d'être attentif.

다음 표현은 우리 나라 사람들은 잘 쓰지 못하지만, 프랑스인들은 매우 즐겨 쓰는 표현들이다.

필요 avoir besoin de + 부정법

합격하려면 650점 이상을 받아야 되요. → 필요가 있어요.

Vous avez besoin d'avoir plus de 650 points pour être reçu(e).

권리 avoir le droit de + 부정법

저한테 어떻게 그렇게 말씀하실 수 있어요? → 그렇게 말씀하실 권리가 없어요.

Vous n'avez pas le droit de dire cela.

그렇게 하시면 안 되요. → 그렇게 하실 권리가 없어요.

Vous n'en avez pas le droit.

다른 사람들은 못 들어와. → 다른 사람들은 들어올 권리가 없어요.

Les autres personnes n'ont pas le droit d'entrer.

의심 avoir des doutes

그럴 리가 있나요? → 저는 의심합니다.

J'ai des doutes.

다음은 우리말에서 간접적 표현과 직접적[적극적] 표현이 모두 쓰이는 경우다.

경고 prévenir

경고하는데, 전기 스위치 끄지 마세요.

Je vous préviens : (ne coupez pas / n'éteignez pas) le courant.

포기, 기권 abandonner

너무 어려워, 나 그만둘래. / 포기[기권]할래.

C'est trop dur, j'abandonne.

인정, 시인 admettre, avouer, reconnaître

그래, 내 말이 틀렸어. / 내 말이 틀렸다는 걸 내 인정하지.

J'admets que je me suis trompé(e).

J'admets que j'ai eu tort.

그래요, 사실이에요.

Je reconnais que c'est vrai.

J'(accepte / admets) que c'est vrai.

감사 remercier

고마워요. / 감사 드립니다.

Je vous remercie.

어떻게 감사를 드려야 할지 모르겠습니다.

Je ne sais pas comment vous remercier.

사과 s'excuser

제가 잘못했어요. / 사과드립니다.

J'ai eu tort, excusez-moi.

기다리게 해서 죄송합니다. → 사과드립니다.

Excusez-moi de vous avoir fait attendre.

맹세 jurer

맹세코 다시는 술 안 마실게. / 다시는 술을 안 마신다고 맹세할게.

Je jure de ne plus boire d'alcool.

보장 garantir

내가 말하는 대로만 하면, 넌 틀림없이 성공할 거야. / 네 성공은 내가 보장해.

Si tu fais ce que je te dis, je te garantis le succès.

질문 poser une question, demander

질문 하나 드리고 싶습니다.

Je voudrais vous poser une question.

성함을 여쭈어봐도 되겠습니까?

Puis-je vous demander votre nom ?

축하 féliciter

정말 축하드려요.

Je vous en félicite. [격식체, 문어]

Je vous en fais mes compliments. [격식체, 문어]

(Toutes) (mes) félicitations! [구어]

Mes compliments! [구어]

진담 parler sérieusement

진담이세요? → 진지하게 말하는 겁니까?

Vous parlez sérieusement ?

'...인 것 같아요'의 표현은?

'...입니다', '...예요', '...이야' 등과 같은 단언적이고 직선적 표현보다 우리나라 사람들은 '... 같은데요'나 '... 같아요' 등과 같은 우회적 표현을 즐겨 쓴다. 기본적으로 추측을 나타내는 표현으로, 자신의 입장에 다소의 여유를 둠으로써, '겸손'을 나타낸다.

아무리 적극적으로 감정을 표현하고 명시적으로 의견을 표명하는 것을 좋아하는 프랑스인이라 해도 이 같은 표현들을 필요에 따라 써야 한다. 이런 표현은 프랑스어로 어떻게 하느냐 하는 문제를 살펴보자.

☞ *조건법으로*

먼저 '-ㅂ니다만', '-ㄴ데요', '-ㄴ데' 등과 같은 우회적 표현은 프랑스어로 조건법을 쓰면 될 것이다.

그것은 선생님께 이로움보다는 해로움이 더 클텐**데요**.
Cela vous **ferait** plus de mal que de bien.
  • 이로움[해로움]을 주다 faire du bien[mal].

☞ *sembler, avoir l'air로*

'... 같은데요'나 '... 같아요' 등의 표현은 'sembler, avoir l'air, ressembler à' 등을 이용하여 쓴다.

Il me semble que + 절
우리 당장 떠나야 할 것 같아요.
Il me semble que nous devrions partir immédiatement.

그가 거절한 것 같아요.
Il me semble qu'il a refusé.

우리 전에 만났던 것 같아요.
Il semble qu'on (se soit / s'est) rencontré(e)s auparavant.
Il me semble que nous nous sommes rencontré(e)s auparavant.

그 사람들 모두 올 것 같아요.

Il semble qu'ils viennent tous.

그녀는 가고 싶어 하지 않는 것 같았어.

Il semble qu'elle ne veuille pas partir.
Il ne semble pas qu'elle veuille partir.

주어 + sembler + 동사

그 여자가 널 아는 것 같아.

Elle semble te connaître.

이 번역에 오류가 있는 것 같아요.

Il semble y avoir une erreur dans cette traduction.

주어 + sembler + 형용사
주어 + avoir l'air + 형용사

기분 좋으신가 봐요.

Vous (semblez / avez l'air) content(e).

매우 비관적이신 것 같군요.

Vous (semblez / avez l'air) très pessimiste(s).

저는 그렇게 하는 게 좋을 것 같아요.

Cela me semble (bon / bien) de faire ainsi.

어떤 것 같아요?

Comment cela vous semble-t-il ?

그녀는 어떤 것 같았어? (어떻게 보였어?)

Comment avait-elle l'air ? / Elle avait l'air comment ?

그녀는 행복한 것 같았어.

Elle (semblait / avait l'air) heureuse.

그녀는 긴장한 것 같았어.

Elle (semblait / avait l'air) nerveuse.

주어+ ressembler à + 명사
주어 + avoir l'air de + 명사

모두 꿈만 같아.

Tout cela ressemble à un rêve.
Tout cela a l'air d'un rêve.

휴일 같지가 않네요.

Cela ne ressemble pas à un jour férié.

그런 것 같아요.

Ça en a tout l'air.

그런 것 같지 않네요.

Ça n'en a pas l'air.

「on dirait que + 절」도 많이 쓴다.

너 오늘 기분 좋은 것 같아.

On dirait que tu es de bonne humeur aujourd'hui !
Il me semble que tu es de bonne humeur aujourd'hui !

☞ *à mon avis*로

만일 자신의 의견으로 하는 말이라면, '제 의견으로는'을 뜻하는 'à mon avis', 'selon mon opinion'이나 '제가 생각하기에는'을 뜻하는 'à ce que je crois' 따위를 쓰면 되겠다.

제 생각엔 오늘 날씨가 좋을 것 같아요.
(A mon avis / selon mon opinion) il fera beau aujourd'hui.

자기 자신의 생각이나, 자기 자신이 직접 겪었던 일을 말할 때는 '...같아요'를 쓰지 말고 '...였나 봐(요)'같은 표현을 쓰는 것이 옳을 것이다. 그렇다면 이것은 프랑스어로 어떻게 할까?

이럴 때 프랑스인들은 (우리 생각엔 좀 이상하지만) 'Je crois que'를 쓴다.

(내가) 겁이 났었나 봐.
Je crois que j'avais (peur / la trouille).
 • la trouille는 속어적 표현.

꿈이었나 봐.
Je crois que je rêvais.

3 프랑스어는 의지의 유무를 표현하지 않는다

상황이 바뀔 경우, 예컨대 주소가 바뀌거나 전화번호가 바뀌었을 경우, 우리는 주소나 전화번호에 대해 말하려 한다. 그래서 '제 주소가 바뀌었습니다.'를 직역하여 'Mon adresse a été changée.'라고 하기 쉽다. 그러나 이런 상황에서 이렇게 말하는 프랑스인은 없다. 프랑스어는 사람을 주어로 하여 '내가 주소를 바꾸었다'고 표현하기를 즐기기 때문이다.

제 주소가 바뀌었습니다. → 주소를 바꿨습니다.
J'ai changé d'adresse.

이 같은 표현들을 보자.

제 전화번호가 바뀌었어요. → 전화번호를 바꾸었어요.
J'ai changé de numéro de téléphone.

생각[마음]이 바뀌었어요. → 생각[마음]을 바꾸었어요.
J'ai changé d'idée.

생각[마음]이 바뀌지 않는 한, 갈게.
Je viendrai à moins que je ne change d'idée [d'avis].
Je viendrai sauf si je change d'avis.

저 사람은 걸핏하면 생각[의견]이 바뀌어!
Il change d'opinion comme de chemise.

- 'changer d'avis comme de chemise'는 셔츠를 갈아입듯이 의견을 바꾼다는 의미에서 나온 관용적 표현이다.

6장 개인주의 vs 집단주의 **231**

정확하게 기억이 나요.
Je m'en souviens de manière précise.

색이 구별이 안 돼요.
Je ne peux pas distinguer les couleurs.
Je ne peux pas percevoir la différence de couleurs.

그 사람 나를 대하는 태도가 바뀌었어. → 나에 대한 태도를 바꾸었어.
Il a changé d'attitude envers moi.

☞ *어쩌다 벌어진 일도 자신의 행위로*

이상에서 보듯이, 동일한 사건이지만, 한국어는 상황의 변화로 보는 반면, 프랑스어는 사람의 행위로 본다.

그렇다면 실수로 안경이 깨졌을 때 프랑스어로는 어떻게 표현할까? 이때도 프랑스어는 주어를 자신으로 하여 '안경을 깼다'고 표현한다.

안경이 깨졌어요. → 안경을 깼어요.
J'ai cassé mes lunettes.

접시가 깨졌어요.
J'ai cassé (des assiettes / la vaisselle).

우리로서는 이해하기 어렵지만, 프랑스인들은 '그러면 내가 깬 것이지 남이 깼나?' 하며 반문할 것이다.

제 의치가 깨졌어요.
J'ai cassé mon dentier.

스타킹에 올이 나갔어요.

J'ai filé un de mes collants.

기억이 되돌아 왔어요. → 나는 내 기억을 되찾았어요.

J'ai retrouvé ma mémoire.

'J'ai changé d'adresse.'처럼, 만일 한국어로 "제가 주소를 바꾸었습니다."라고 한다면 어떻게 될까? 이는 내가 의도적으로 주소를 바꾸었다는 뜻이다. 즉 일반적인 경우, 예를 들어 이사를 했다든가 하는 이유가 아니라 (스토킹을 피하기 위해서 혹은 빚쟁이들을 피하기 위해서와 같은) 매우 긴급하거나 특수한 이유가 있어서 주소를 바꾸었다는 의미가 될 것이다.

그러니까 한국어에서는 하다 보니 그렇게 되었다는 이야기, 즉 자신의 특별한 의지나 의도가 아니라 상황의 자연스러운 흐름에 의해서 결과한 행위에 대해서는 주어를 사람이 아니라 상황이나 사물로 하여 문장을 꾸미며 그 행위의 무의지성을 나타낸다. 만일 사람이 자신의 특별한 의지나 의도를 가지고 한 행위에 대해 말한다면 사람을 주어로 하여 문장을 꾸밈으로써 그것이 사람의 의도적인 행위임을 나타낸다. 이처럼 한국어는 의도적 행위와 비의도적 행위를 구별하여 기술하는 수단을 갖고 있는 것이다.

그러나 프랑스어는 의도적 행위와 비의도적 행위를 구분하지 않고 항상 사람을 주어로 놓고 문장을 꾸밈으로써 단지 그것이 인간의 행위에 의한 결과임을 나타낸다.

다음과 같은 예를 보면 잘 알 수 있다. 일부러 살을 빼는 행위와 살이 빠지는 결과가 프랑스어에서는 동일하게 표현되는 것이다.

식사를 걸렀더니 체중이 빠졌어. [무의지적 행위]

Je n'ai pas pu manger. (J'ai perdu du poids. / J'ai maigri).

다이어트를 해서 체중을 뺐어. [의지적 행위]
J'ai fait un régime. (J'ai perdu du poids. / J'ai maigri).

나는 체중을 빼야 해. [의지적 행위]
Je dois perdre du poids. / Je dois maigrir.

이처럼 한국어에서는 '빠지다'와 '빼다'로 구분되는 의미를 프랑스어로는 모두 하나의 동사 'perdre' (du poids)로 표현한다는 사실을 알아야 한다.

신체 손상 - 자해행위?

이와 똑 같은 일이 신체 상해 사건에도 일어난다. 우리에게는 신체 손상을 입은 것이지만 프랑스어에서는 자신이 한 행위로 표현한다.

그는 팔이 부러졌어요. → 그는 자기 팔을 부러뜨렸어요.
Il s'est cassé le bras.

사고로 팔이 부러진 상황을 프랑스어로는 자신을 주어로 하여 자기 팔을 부러뜨렸다는 식으로 표현한다. 손가락을 베인 것도 동일하다.

그녀는 손가락을 베였다. → 그녀는 자기 손가락을 베었다.
Elle s'est coupé le doigt.

만일 실수로 베였다는 점을 나타내려면 어떻게 해야 할까? 뒤에 'par erreur'(실수로)를 붙이면 된다.

그녀는 실수로 손가락을 베였다.
Elle s'est coupé le doigt par erreur.

만일 일부러 그런 것이라면 다음과 같이 exprès를 붙이면 된다.

그녀는 일부러 손가락을 베였다.
Elle s'est coupé le doigt exprès.

몇 가지 표현을 더 보자.

나는 발목을 삐었어요. → 저는 제 발목을 삐었어요.
Je me suis foulé(e) à la cheville.

손목을 삐었어요.
Je me suis foulé le poignet

그는 면도칼에 얼굴을 베였다.
Il s'est coupé le visage avec un rasoir.

뜨거운 커피에 입술을 데였어요.
Je me suis brûlé les lèvres avec du café bouillant.

머리를 다쳤어요.
Je me suis blessé à la tête.
Je me suis fait mal à la tête.

이 아이는 손목이 부러졌군요.
Cet enfant s'est fracturé le poignet.

그는 무릎이 까졌어요.
Il s'est écorché [égratigné] les genoux.

지금까지 본 바와 같이 신체부위에 상해를 입는 상황을 나타낼 때 신체부위 명사 앞에는 항상 정관사를 쓰는 것이 원칙이다. 다만 하나인지 둘인지와 같은 수량을 문제 삼을 때는 정관사가 아니라 해당하는 수를 쓴다.

뼈 하나가 부러졌어요.
J'ai un os cassé.

아이가 이가 두 개가 흔들거려요.
L'enfant a deux dents qui bougent.

이상에서 살펴본 신체 상해와 관련한 행위에 대해 한 가지 더 알아두어야 할 것이 하나 있는데, 행위가 종결된 뒤의 상태를 나타낼 때는 항상 『avoir + 신체부위 + 과거분사』의 패턴으로 표현한다는 점이다. 예를 들면 다음과 같다.

그는 팔이 부러졌어요.
Il a le bras cassé.

이 아이는 손목이 부러졌어요.
Cet enfant a le poignet fracturé.

그는 무릎이 까졌어요.
Il a les genoux écorchés [égratignés].

지금까지 살펴본 내용을 요약하면, 요컨대 프랑스어에서는 일부러 한 것과 어쩌다 그렇게 된 것을 구분하지 않는 것이다. 이것을 알지 못하고 우리말을 직역하려 한다면 제대로 된 프랑스어 문장을 형성할 수 없을 것이다.
두 언어는 왜 이런 차이를 갖게 되었을까?

앞에서도 잠시 언급한 바 있지만, 한국은 집단주의 사회여서 집단 내에서의 관계 유지가 매우 중요한 과제로 떠오른다. 일의 성과 자체보다 일을 함께하는 데 있어서 협동 과정이 더 중요하므로 개인간에 상호적인 행위를 할 때 행위의 결과 자체보다 각자 행위의 의도가 더욱 중요하게 되어 이를 언어적으로 밝히는 것이 필요했기 때문이 아닐까 추정한다.

사람들 사이의 관계가 중요하므로 사람의 행위가 의도적인 것인지 비의도적인 것인지를 구별하여 표현하는 방식이 발달하였다.

반면에 서양 사회는 개인주의 사회여서 행위의 의도보다는 결과가 각자의 이익에 중요하므로 행위의 의도를 굳이 밝히는 방식이 발달할 필요가 없었던 것 때문이 아닐까 추정해 본다.

이제, 한국어에 나타나 있는 의도성과 비의도성의 체계적인 대립의 양상을 살펴보고 프랑스어로 표현할 때 어떻게 하는 것이 좋을지에 대해 살펴보자.

☞ '-어지다'는 무시하라

우리말에서는 자신의 뜻과 상관없이 하게 되는 행위를 표현하기 위해 '-(어)지다'를 즐겨 쓴다. 예를 들어 '형님 댁이 (멀어서) 잘 안 가진다' 같은 표현이다. 이 문장을 프랑스어로는 어떻게 표현할 수 있을까?

결론부터 말하면, 프랑스어에는 딱히 이런 표현이 없다. '형님 댁이 (멀어서) 잘 안 가진다.'라고 하면 그저 'Je ne vais pas souvent chez mon frère.'라고 한다. 즉 '형님 댁에 자주 안 간다.'라고 말할 뿐이다.

형님 댁이 멀어서 잘 안 가져.
Je ne vais pas souvent chez mon frère, il habite loin.

굳이 본인의 의지에도 불구하고 잘 안 가게 된다는 식으로 표현하고 싶으면, 'bien que l'envie ne me manque pas(그렇게 하고 싶은 마음이 없는 것은 아니지만)' 같은 표현을 넣어서 말해야 할 것이다.

형님 댁이 멀어서 잘 안 가져.

Je ne vais pas souvent chez mon frère, **bien que l'envie ne me manque pas**, car il habite loin.

한편, 의지도 있고 노력도 했는데, 잘 안 되거나 잘 못하겠는 것은 'ne pas arriver à + 부정법'으로 표현한다.

열쇠가 안 찾아져.
Je n'arrive pas à trouver la clef.

색깔이 구별이 안 돼.
Je n'arrive pas à distinguer les couleurs.

해 봤는데, 잘 안 되더라고.
J'ai essayé, mais je n'y arrive pas.
J'ai essayé de le faire, mais je n'ai pas pu.
J'ai essayé, mais je n'ai pas pu le faire.

이것들은 정말 구분이 안 돼.
Je n'arrive vraiment pas à les distinguer.
Je ne peux vraiment pas les distinguer.

물론 긍정형(arriver à)으로는 다음과 같이 쓴다.

열쇠 찾는 데 항상 애먹기는 하는데 결국은 찾아져.
J'ai toujours de la peine à trouver la clef, mais je finis par y arriver.

☞ '나다 / 내다', '하다 / 되다'의 구분은 무시하라

우리말에는 '-어지다' 이외에도 의지와 무의지에 관해 다음과 같은 체계적인 구분이 있다.

나다 소극적, 무의지적
내다 적극적, 의지적

예컨대 '용기가 나다'는 무의지적 행위를 나타내는 반면에, '용기를 내다'는 의지적 행위를 나타내는 것이다.

그러나 이 같은 체계적인 차이가 프랑스어에는 존재하지 않는다. 예컨대, '용기가 나다'와 '용기를 내다'가 모두 'avoir du courage'로 표현된다.

그걸 고백할 용기가 나질 않았어요.
Je n'ai pas eu le courage de le lui avouer.

그녀에게 청혼할 용기가 나지 않았어요.
Je n'ai pas eu le courage de lui proposer de se marier.

용기를 내세요!
Ayez du courage !
• 물론 'Soyez courageux(se).'라고 해도 된다.

'생각이 나다'도 '생각을 하다'와 마찬가지로 'penser à'를 쓴다.

왜 그렇게 슬퍼하고 있어?
Pourquoi tu es si triste ?

\- 식구들 생각을 하고 있어.

Je pense aux miens.
> • 식구들 les miens, ma famille.

\- 식구들 생각이 나서.

Parce que je pense aux miens.

물론 표현에 따라서는 구분이 되는 경우도 있다.
'생각이 나다'와 같은 경우는 다음과 같이 'venir'로 표현하면 무의지적인 의미가 전달될 수 있겠다.

갑자기 그 생각이 났어.

L'idée m'est venu (à l'esprit) subitement.

갑자기 좋은 생각이 났어.

Une bonne idée m'est venu (à l'esprit) (subitement / soudainement).
Il m'est venu une bonne idée.

어디서 그런 생각이 나셨어요?

D'où vous est venu cette idée ?
Où avez-vous (eu / trouvé) cette idée?

또는, 사역을 뜻하는 'donner'나 'causer' 같은 동사들을 써서 '어떠 어떠한 생각을 갖게 하다[주다]'라고 표현함으로써, 우회적으로 무의지성을 표현할 수도 있겠다.

날씨가 좋아서 바깥에 나가고 싶어지는군요. → 좋은 날씨가 나를 바깥에 나가고 싶게 하는군요.

Le beau temps me donne envie de sortir.

어쩐 일로 그렇게 하실 생각이 나셨어요? → 무엇이 그렇게 할 생각을 주었어요?

Qu'est ce-qui vous a donné l'idée de le faire ?

반면에 '생각을 내다'는 'chercher' 동사를 써서 그 의지성을 나타낼 수 있다.

어디서 그런 생각을 내셨어요?

Où êtes-vous allé(e) chercher cette idée ?

그러나 이같은 차이를 구분하지 않고 써도 크게 문제될 것은 없다. 왜냐하면 프랑스인들은 의지와 무의지에 관한 한 그다지 신경쓰지 않기 때문이다. 가령 우리가 보통 쓰는 '생각이 안 나'와 같은 표현을 프랑스어로 a)와 같이 말하는 경우는 드물고 그저 b)처럼 하는 것이다.

생각[기억]이 안 나.(= 잊어 먹었어.)
a) Cela ne me vient pas à l'esprit.
b) Je ne (me rappelle / sais) plus. / Je ne m'en souviens pas. / J'ai oublié.

'모르겠다'도 마찬가지다.

모르겠어.
a) Aucune idée ne me vient à l'esprit.
b) Je n'ai pas d'idée.
정말 모르겠어.
Je n'ai aucune idée.

한편, 자주 쓰는 표현인 '시간이 나다'와 '시간을 내다'는 어떻게 표현될까? 다른 것을 몰라도 시간만큼은 서양인들도 의지에 따라 민감하게 생각한다. 왜냐하면 산업혁명 이후 자본주의가 도입되면서 '시간=돈'이라는 관념이 생겨서 시간이 있는 것과 시간을 내는 것은 서로 매우 다른 이야기가 되었기 때문이다. 그래서 이 두 표현은 프랑스어에서도 분명히 구분한다.

시간이 나다 avoir du temps, être libre, être disponible

시간이 나면 = 한가해지면
quand j'aurai du temps
si j'ai du temps

(그럴) 시간이 나면
quand j'aurai le temps
si j'ai le temps

이번 금요일엔 시간이 나질 않아.(= 이번 금요일엔 바빠.)
Je n'aurai pas de temps ce vendredi.
Je ne serai pas libre ce vendredi.

이번 금요일엔 그럴 시간이 나질 않아.
Je n'aurai pas le temps ce vendredi.

문제는 제가 시간이 별로 안 난다는 거예요. → 충분한 시간이 없다.
Mon problème, c'est que je n'ai pas assez de temps.

오늘 저녁 시간 나세요?
Avez-vous du temps ce soir ?
Etes-vous (libre / disponible) ce soir ?

시간 나면 전화 주세요.
Appellez-moi, si vous avez (du / le) temps.

언제 시간이 나세요?
Quand est-ce-que vous avez du temps libre?

반면에 '시간을 내다'는 다음과 같은 표현을 쓴다.

시간을 내다 prendre du temps, consacrer de son temps
그럴 시간 좀 내 줄 수 없니?
Tu ne peux pas prendre le temps pour cela?

시간 좀 내줄 수 있나요?
Pourriez-vous me consacrer (un peu) de votre temps?

한 시간 정도 시간을 낼 수 있어요.
Je peux vous consacrer une heure.
Je peux vous donner une heure (de mon temps).

그러나 공손하기로는 다음과 같이 avoir의 조건법을 쓰는 표현이 더욱 공손하다.

혹시 시간 좀 있으실까요?
Vous auriez un peu de temps s'il vous plaît ?

저하고 이야기할 시간이 좀 있으실까요?
Vous auriez un peu de temps pour parler avec moi ?

'시간을 내 주셔서 감사합니다.'라고 할 때는 다음과 같은 전형적인 표현을 쓴다.

시간을 내 주셔서 감사합니다.
Merci de m'avoir consacré de votre temps.

바쁘신데 시간 내주셔서 감사합니다.
Je vous remercie d'avoir pris le temps malgré votre emploi du temps chargé.

또 '너한테라면 내가 항상 시간을 내야지!'라고 하고 싶으면 다음과 같은 전형적인 표현을 쓴다.

너한테라면야 내가 항상 시간을 내야지!
Pour toi, je suis toujours là !

한편 우리말에는 다음과 같은 차이도 있다.

하다 : 적극적
되다 : 소극적

예를 들어 '생각을 하다'와 '생각이 되다'가 그렇다.

a) 저는 그렇게 생각을 합니다. [적극적]
b) 저는 그렇게 생각이 됩니다. [소극적]

여기서 a)는 자신의 생각의 원천이 자신에게 있음을 적극적으로 나타내는 것으로 보이는 반면에, b)는 자신의 생각의 원천이 자신이 아닌 어딘가 다른 곳에 있음을 나타내는 같다.
그러나 프랑스어로는 이같은 차이를 반영할 수 없다. 둘 다 다음과 같이 될 뿐이다.

Je ne (le) pense pas. / Je ne (le) crois pas.

다만 감정 표현일 때, '나다'를 수동태나 'être' 구문으로 표현하고, '내다'를 대명동사로 표현하는 것은 비교적 규칙적이다. '화를 나다'와

'화를 내다'의 예를 하나 들어 보자.

화가 나다 être irrité(e), être fâché(e), être en colère
화를 내다 s'irriter, se fâcher, se mettre en colère

화 났어?
Tu es (fâché / en colère) ?

화 내지 마세요.
Ne vous mettez pas en colère !

4. 직접 행위와 사역행위를 구분하라!

프랑스와 같은 개인주의 사회에서는 개인의 행위에 집단을 개입시키지 않는다. 반면에 한국과 같은 집단주의 사회에서는 비록 일은 각 개인이 했다 하더라도 최종적으로는 집단의 일로 간주될 수 있는 사회이다. 예를 들어 회사에서 이루어낸 성과는 비록 여러 부서의 개인들이 행한 일들의 결과이지만 궁극적으로는 회사의 대표가 이루어낸 성과로 간주될 수 있는데, 이때 (실제 개발하거나 판매한 사원이 아니라) 회사의 대표가 기술을 개발했다거나 판매를 했다는 식으로 표현할 수 있다. 집단의 목표 수행이 중요할 뿐, 구체적으로 누가 직접 그 행위를 했는지는 크게 중요하지 않기 때문이다.

그러므로 집단주의 사회에서는 행위자와 (그 행위를 시킨 사람인) 사역주를 굳이 구분하여 표현할 필요를 개인주의 사회에 비해서는 크게 느끼지 않는다. 따라서 언어에도 행위주와 (그 행위를 시킨 사람인) 사역주를 굳이 구분하지 않게 되는 것이다.

그러나 개인주의 사회에서는 개인 간의 행위의 경계를 분명히 하는 것이 필요한 계약 사회이므로 그 언어에는 어떤 일을 개인이 직접했는지 아니면 다른 사람을 시켜서 했는지, 즉 직접행위와 사역행위을 구분하는 방식으로 발달을 한다.

예를 들어 우리말에서 "오늘 오후에 세차를 했어."라고 할 때, 이는 자신이 직접 세차를 한 것인지 아니면 세차원에게 돈을 주고 그 일을 시킨 것인지 알 수가 없다. 그러나 프랑스어에서는 이것이 분명히 구분된다.

(자기가 직접) 세차하다.
laver ma voiture.

(남을 시켜) 세차하다. → 세차를 시키다.
faire laver ma voiture.

다음의 경우도 마찬가지이다.

(자기가 직접) 라디오를 수리하다.
réparer la radio.

(남을 시켜) 라디오를 수리하다. → 수리를 시키다.
faire réparer la radio.

이와 같이 자기가 직접하는 행위가 아니라 남에게 부탁하거나 시키는 행위를 표현할 때는 faire를 앞세운다.

세차를 했어요.
J'ai lavé ma voiture. [내가 직접]
J'ai fait laver ma voiture. [남에게 부탁해서]

뭐 이렇게까지 구분할 필요가 있을까 하는 생각이 들 수가 있는데 그들에게는 계약상 책임소재와 임금 지불 관계 등으로 중요한 사항이다. 집을 지을 경우에도 마찬가지이다.

새 집을 지었어요. → 새 집을 짓게 했어요.
J'ai fait construire une nouvelle maison. [남에게 시켜서]
J'ai construit une nouvelle maison. [자기가 직접]

오늘 집에 (전기 / 가스)를 놓았어.
Aujourd'hui j'ai fait mettre (l'électricité / le gaz) chez moi.

다음과 같은 경우는 대부분 남에게 주문을 해서 서비스를 받는 경우이므로 faire 구문으로 표현할 것이다. 그러나 이때 자신의 신체부위에 대한 행위를 부탁한 것이므로 se faire 구문이 된다는 점을 유의해야 한다.

나 머리 잘랐어[깎았어].

Je me suis fait couper les cheveux.

너 머리 잘랐구나.

Tu t'es fait couper les cheveux.

너, 귀에 구멍 뚫었구나!

Tu t'es fait percer les oreilles. [행위]

Tu as les oreilles percées ! [(행위 후의 결과) 상태]

나 이 뽑았어.

Je me suis fait arracher une dent.

저는 스텐트를 두 개 넣었어요.

Je me suis fait (mettre / implanter / placer) deux endoprothèses.

이거 어디서 선물 포장할 수 있나요?

Où puis-je les faire emballer avec du papier cadeau ?

만일 '미용사'와 치과의사가 주어 자리에 오면 다음과 같이 표현될 것이다.

미용사가 내 머리를 잘랐다.

Un(e) coiffeur(se) m'a coupé les cheveux.

치과의사가 내 이를 뽑았다.

Le dentiste m'a arraché une dent.

의사가 수술을 하는 것은 opération(수술)에 가능동사 faire를 결합시켜 표현하면 된다.

외과의사가 수술을 한다.
Le chirurgien fait [pratique] une opération.

수술을 받는 것은 se faire opérer로 표현하거나, '받다'를 뜻하는 기능동사 subir를 une opération(수술)과 결합시켜 쓸 수도 있다.

나는 수술을 받는다.
Je subis (une opération / une chirurgie). / Je me fais opérer.

언제 백내장 수술을 받아야 하나요?
Quand dois-je me faire opérer de la cataracte ?

저는 심장 수술을 받았어요.
Je me suis fait opérer du coeur.
J'ai subi une chirurgie cardiaque.

성형수술을 받는다는 것은 'se faire opérer'에 신체부위를 결합시켜 표현할 수 있다.

성형수술을 받다 se faire opérer de + 정관사 + 신체부위

나는 (눈 / 볼 / 입술) 성형수술을 받을 것이다.
Je vais me faire opérer (des yeux / des joues / des lèvres).

이 외에도 'se faire refaire'에 신체부위를 결합시켜 표현할 수도 있다. 예를 들어 '자신의 눈을 다시 만든다'는 의미의 'se refaire les yeux'에 '시킨다'는 faire를 결합시켜 'se faire refaire les yeux'(자기 눈을 다시 만들도록 하다)라고 표현하는 것이다.

성형수술을 받다 se faire refaire + 정관사 + 신체부위
나는 (눈 / 볼 / 입술) 성형수술을 받을 것이다.
Je vais me faire refaire (les yeux / les joues / les lèvres).

'점을 보다'는 점장이를 주어로 할 수도 있고, 점보러 간 사람을 주어로 할 수도 있는 표현인데, 이를 프랑스어로 하면 다음과 같다.

점장이가 내 점을 본다.
Un(e) diseur(se) de bonne aventure prédit ma fortune.

나는 점을 본다.
Je me fais prédire l'avenir. (내 미래를 예측하게 한다.)
Je consulte un(e) diseur(se) de bonne aventure. (점쟁이에게 자문한다.)
Je consulte mon horoscope. (내 별자리를 참조한다.)

이거 댁에 배달시킬 수도 있습니다.
Vous pouvez vous le faire livrer chez vous.

이거 배달시켜 드릴까요?
Puis-je me le faire livrer ?
Peut-on se le faire livrer ?

7장
문형을 바꿔 보자

1. 부정형 표현

어떤 말을 부정하면 뜻이 반대가 될까?

일반적으로 긍정적인 뜻을 가진 말을 부정하면 그 반대의 뜻이 된다. 즉 부정적인 뜻이 된다. 예를 들어 '좋다'를 부정한 '좋지 않다'는 '좋지도 나쁘지도 않은 중간'이라는 뜻이라기 보다는 '나쁘다'는 뜻이 되는 것이다.

반면에, 부정적인 뜻을 가진 말을 부정한다고 해서 꼭 반대의 뜻, 즉 긍정적인 뜻이 되는 것은 아니다. '나쁘다'를 부정한 '나쁘지 않다'는 꼭 '좋다'는 뜻이 아니라, 그저 '나쁘지는 않다', 즉 '나쁘지도 좋지도 않은' 것도 뜻하는 것이다.

그런데 프랑스어에서는 꼭 이런 원칙이 지켜지지 않고, 부정적인 말이나 긍정적인 말이나 부정형으로 되면 완전히 반대의 뜻이 되는 경향이 꽤 강하다. 그래서 프랑스인들은 이 점을 이용하여 긍정형으로 표현하지 않고 반대말을 부정하여 만든 표현을 즐겨 사용한다.

이런 표현들을 하나씩 살펴 보자.

먼저, '괜찮다'는 부정적으로 'pas mal'로 표현한다. 그러니까 'pas mal'은, 단순히 '나쁘지 않다'는 뜻이 아니라, 'ne'와 함께 사용하면 약한 긍정, 즉 '그저 그렇다'보다는 더 낫고, '좋다'(='bien') 보다는 약간 못한 상태, 즉 '괜찮다'는 뜻을 가지는 것이다.

그 사람, 일 괜찮게 해요.
Il ne travaille pas mal.

그런데 이는 이처럼 'ne' 없이 사용하면 더욱 더 긍정적인 뜻, 즉 '꽤 많이'의 뜻이 된다.

그 사람, 꽤 많이 일했어요.
Il a pas mal travaillé.

오늘 아침 발표는 꽤 잘 됐어.
L'exposé a été pas mal présenté ce matin.

너, 책 꽤 많이 읽었구나!
Tu as lu pas mal de livres !

난 다른 사람들이 말하는 건 조금도 상관 안 해!
Je me fiche pas mal de ce que disent les gens !

비슷한 표현으로 'pas trop mal'도 쓰인다.

A : 잘 지내? Comment ça va ?
B : 꽤 잘 지내. Pas trop mal.

친한 사이에서 쓰는 '무지 좋다'는 'pas dégueulasse'라고 한다. 'dégueulasse'는, '더럽다'나 '지독하다'라는 아주 나쁜 뜻인데, 부정이 되면, '더럽지 않다'나 '지독하지 않다'라는 뜻의 단순 부정이 아니라, 반대로 '무지 좋다(=carrément bon)'는 긍정적인 뜻이 되는 것이다.

야 그거 무지 좋다!
C'est pas dégueulasse !

'꽤 똑똑하다'는 'pas bête'라고 한다. 직역하면 '바보같지 않다'는 뜻인데, 오히려 '꽤 똑똑하다(=très intelligent)'라는 뜻이 된다.

너 머리 좋구나!
Tu n'es pas bête.

보통 우리나라 사람들에게는 '싸다'가 프랑스어로 'bon marché'라고 알려져 있다. 그러나 실제로 프랑스인들은 이보다 '비싸다'인 'cher'

의 부정형인 'pas cher'를 더 많이 쓴다.

그거 싸구나.
C'est pas cher.

조금 더 싸게 주실 수 없어요?
Vous ne pourriez pas me le laisser un peu moins cher ?

'시시하다'는, 긍정적인 뜻의 '기가 막히다'에 해당하는 'génial'에 부정을 하여 'pas génial'이라고 한다.
'신통치 않다', (음식이) '맛이 없다'는 'pas fameux'라고 한다. 원래 'fameux'라고 하면 대단히 긍정적인 뜻, '대단하다', '(음식이) 맛이 있다'라는 뜻인데, 부정을 하면, (단순히 부정이 아니라) 완전히 반대말이 되는 것이다.

이 소설은 신통치 않은걸.
Ce roman n'est pas fameux.

이 요리는 신통치 않은데.
Ce plat n'est pas fameux.

결혼이라는 게 말이야, 좋을 때는 별로고, 나쁠 때는 아주 고약해.
En ce qui concerne le mariage, quand c'est bon, ce n'est pas fameux, et quand c'est mauvais, c'est tout à fait détestable.

어떤 행위가 곧 이루어짐을 표현할 때, 프랑스인들은 '늦다'의 부정 'ne pas tarder à'를 즐겨 쓴다.

그 사람 곧 올 거야.
Il ne tardera pas à venir.

그 사람들이 곧 불평할 거야.

Ils ne vont pas tarder à se plaindre.

'계속 ...하다'라고 할 때도, 프랑스어는 부정형 'ne pas arrêter de'로 표현하기를 즐긴다.

그 친구는 계속 투덜거리고 있어요.

Il n'arrête pas de râler.

'뚫어지게 쳐다보다'라고 할 때 'fixer du regard'나 'fixer dans les yeux'를 쓴다.

그는 나를 뚫어지게 쳐다보았다.

Il m'a fixé(e) du regard[dans les yeux].

그러나 우리말에서처럼 부정형으로 '시선을 떼지 않다'라고, 즉 'ne pas quitter *qn* des yeux'라고 표현하는 경우도 매우 많다.

그는 나를 뚫어지게 쳐다보았다.

Il ne m'a pas quitté(e) des yeux.

'어떠어떠한 현상이 있다'하는 표현도 '없지 않다'라고, 즉 ('être' / 'se faire') 'sans'을 써서 표현하는 경우가 많다.

반발이 있을텐데. → 반발없이 이루어지지 않을텐데.

Cela ne se fera pas sans résistance.
Il y aura de la résistance.

늘상 있는 일이죠. → 그거 별로 놀랄 일 아니에요.

Cela n'a rien de remarquable.

만일 실제 대화 시에 적당한 단어가 생각이 안 나면 그 반대말에 'pas'나 'sans'을 붙여서 표현해 보라. 예컨대 '풀어지다'가 프랑스어로 무엇인지 생각이 안 날 때, 만일 (상태를) 유지한다는 뜻의 tenir를 안다면 이를 부정하여 다음과 같이 표현하는 것이다.

내 넥타이가 자꾸 풀어지네.
Ma cravate ne tient jamais.

마찬가지로 '안전하게'는 '위험하지 않게'로 돌려서 표현할 수 있다.

여기서는 안전하게 수영할 수 있나요?
Est-ce qu'on peut nager sans danger ici ?

2. '없어지다'를 'ne ... plus'로

☞ 없다 ⇒ ne ...plus

다음을 프랑스어로 어떻게 할까?

그 물건은 다 떨어졌어요.
다 나갔는데요.
재고가 없는데요.

발상의 전환을 해서, 부정형으로 표현해 보자.

Il n'y en a plus.

프랑스인들은 'ne ... plus'를 참 많이 쓴다. 반면에, 우리나라 사람들은 실제로 프랑스어를 배워도 이 표현을 잘 못 쓴다. 아마도 '더 이상 ...이 없다'나 '더 이상 ...하지 않다'와 같은 표현은 번거롭게 느껴지는 모양이다.

길이 끊겼어. → 길이 없어.
Il n'y a plus de chemin.

그 사람 이사갔어요. → 더 이상 여기 안 살아요.
Il n'habite plus ici.

생각이 안 나.
Je ne me rappelle plus.

잊어 먹었어.

Je ne sais plus.

못 찾겠어.

Je ne (le / la) trouve plus.

'배가 부르다'를 프랑스어로 어떻게 표현할까?

배 불러요. → 더 이상 배가 안 고파요.

Je n'ai plus faim.

이것이 우리말의 '배불러요'에 해당하는 가장 일반적인 표현이다. '꽉 찼어요.'라고 표현하기 위해, 'Je suis plein(e).'라고 하는 것은 불가능하다. 그럴 때는 '배가 꽉 찼어요.'에 해당하는 'J'ai l'estomac plein.'이라고 해야 한다. 그러나 이 표현은, 모르는 사람한테 쓰면 약간 비속한 느낌을 줄 수 있는 표현이므로 친한 사이에서만 쓰는 것이 좋겠다.

프랑스어에서도 영어처럼 'I'm full.'이라고 하면 우리말처럼 그렇게 천하지 않는데, 프랑스어만 유독 천한 느낌을 주는 것이 참 이상하다. 프랑스어가 괜히 고상한 척 하는 것 같기도 하고...

어쨌든 'Je n'ai plus faim.'이라고 하는 것만 가지고는 직성이 안 풀릴 때는 다음과 같이 표현한다.

배가 꽉 찼어요.

J'ai l'estomac plein. [속어]

많이 먹었어요.

J'ai bien mangé. [표준 구어체]

실컷 먹었어요.

J'ai mangé à satiété. [격식체(고상한 표현)]

배부르게 먹었어요.
Je suis rassasié(e). [격식체(고상한 표현)]

'나 3시부터는 없을 거야.'는 프랑스어로 어떻게 할까? 지금은 여기에 있지만 3시부터는 없을 것이라는 뜻이기 때문에 'ne plus'를 쓴다.

나 3시부터는[이후에는] 없을 거야.
Je ne serai plus là à trois heures.
Je ne serai pas là à partir de trois heures.

그 법은 폐지 되었어요.
La loi n'existe plus.

이 병엔 술이 없군요.
Il n'y a plus de vin dans cette bouteille.

다음의 대화도 비슷한 유형이다.

A : 너, 나 돌아올 때까지 있을 거니?
Tu seras encore là, quand je reviendrai ?
Tu seras là jusqu'à ce que je revienne ?

B : 아니, 없을 거야.
Non, je ne serai plus là.

우리말에서는 어떤 상태가 종결되는 것을 뜻할 때 '(관심 / 용기를) 잃다', '(정열 / 열정이) 식다' 따위를 쓰며, 이때 프랑스어에서도 'perdre'를 쓴다. 그런데 이 'perdre' 대신에도 'ne ... plus'를 쓸 수 있는 경우가 많으니 활용해 보자.

그 사람은 이 문제에 관심을 잃었어요.

Il a perdu tout intérêt pour ce problème.

그 사람은 이 문제에 관심이 없어졌어요.

Il n'a plus d'intérêt pour ce problème.

그 학생은 열성이 식었어요.

Cet étudiant a perdu tout entrain.

그 학생은 열성이 없어졌어요.

Cet étudiant n'a plus d'entrain.

그 법은 효력을 잃었어요. → 더 이상 유효하지 않아요.

La loi n'est plus en vigueur.

3. 부사적인 구성은 문형을 바꿔서!

'아직 자국이 나 있어요.'를 프랑스어로 뭐라고 할까? '자국'이 trace 니까 'Il y a encore des traces.'쯤 될까? 그렇다. 맞기는 맞다. 그러나 보다 더 프랑스어적인 표현은 'Il reste des traces.'이다. 문제의 핵심은 '아직'의 표현이다. 우리는 항상 우리말을 직역하려고 하는 습성이 있는데, 이러한 경향은 우리말에서 어떤 말이 부사면 당연히 프랑스어에서도 부사일 거라고 생각하게 만든다. 그러나 이러한 고정관념에서 벗어나야 한다. 발상의 전환을 해야 하는 것이다.

특히 우리말에서 부사는 프랑스어에서 동사로 옮기는 것이 더 적절할 때가 많다.

☞ *부사 → 동사*

아직, 여전히 → 남아 있다 rester, demeurer

아직 자국이 나 있어요.
Il reste des traces.

환자가 (여전히 / 아직도) 혼수상태예요.
Le malade reste dans le coma.

그 조처는 여전히 아무런 효과가 없어요.
Ces mesures restent sans effet.

그 애는 여전히 그 원칙을 고수하고 있어.
Il demeure attaché à ce principe.

(결국/마침내) → ...로 끝내다 finir par ...

백방으로 찾아다니다 결국은 그 녀석을 붙잡았지.

Je l'ai cherché partout, et j'ai fini par le rattraper.

...부터 → ...로 시작하다 commencer par ...

그 사람은 내 이름부터 물었어요.

Il a commencé par me demander mon nom.

잘못 → 착각하다, 틀리다 se tromper de ...

(서류 / 번호)를 잘못 봤어요.

Je me suis trompé(e) de (fiche / numéro).

(다른 방으로 들어가다가) 죄송합니다. 방문을 잘못 열었습니다.

Excusez-moi, je me suis trompé(e) de porte.

재미로 → 즐기려고 pour s'amuser

-- 너 왜 그런거야?

Pourquoi tu as fait ça ?

-- 재미로. → 즐기기 위해.

Pour m'amuser.

또 → re-동사

나중에 또 들를게요.

Je repasserai plus tard.

'들리다'가 passer이니, '또 들리다'를 repasser로 표현하는 것이다. 프랑스어에서 '곧'과 '계속'은 어떻게 즐겨 표현된다고 했더라? 부정형으로! 복습하는 의미에서, 위에서 배운 표현을 한 번 더 보자.

곧 → ...에 늦지 않다 ne pas tarder à ...
곧 돌아올게.
Je ne tarderai pas à revenir.

계속, 줄창 → ...를 멈추지 않다 ne pas arrêter de ...
그 친구, 줄창 담배를 피워대는 거야.
Il n'arrête pas de fumer.

그 사람이 계속 내 기분을 상하게 하는거야.
Il n'arrête pas de me contrarier.

☞ *부사 / 형용사* ⇒ *주어+동사*

'정말(로)'를 프랑스어로 뭐라고 할까? 물론 'vraiment'이다. 그러나 항상 그렇게 직역하면 곤란하다. 예를 들어, 친구에게 같이 가자고 제안했는데, 그 친구가 사양을 했다. 그때 다시 한 번 묻는다. '너 정말 안 갈래?'라고. 이것을 프랑스어로 직역을 하면 다음과 같이 될 것이다.

Tu ne viens vraiment pas ?

그러나 이 문장은 이런 상황에서는 잘 쓰이지 않는다. 오히려 다음과 같이 한다.

Tu es sûr(e) que tu ne viens pas ?

여기서 보아 알 수 있듯이, 우리말에서 부사라고 반드시 부사로 옮기려 해서는 안 되는 경우가 있다. 우리말의 부사는 의외로 프랑스어의 경우 「주어+동사」로 표현되는 경우가 많다. 다음 문장 b)도 a)를 직역한 것이다.

a) 그 친구 틀림없이 돌아올거야.

b) Il viendra certainement.

그러나 프랑스인들은 다음 c)도 즐겨 쓴다.

c) Je suis sûr qu'il viendra.

이것이 프랑스어식 표현법이다. 그것은 앞서도 배운 바 있지만 프랑스인들이 자신의 의견을 적극적으로 표현하려고 하는 사고 방식을 갖고 있기 때문이다.

이런 식의 문형은 따로 학습을 해놓지 않으면 실제 회화에서 쉽게 나오지 않는다. 자주 쓰이는 몇 가지 표현을 학습해 보자.

틀림없이 Je suis sûr(e)[certain(e)] que ... / j'en suis certain(e)
그 여자는 틀림없이 그 친구 안 만나려고 할거야.
Je suis sûr(e) qu'elle n'acceptera pas de le voir.
Elle n'acceptera pas de le voir, j'en suis certain(e).

틀림없어(요), 정말이에(요) Je suis sûr(e), Je vous assure.
틀림없어? / 정말이야?
Tu es sûr(e) ?

틀림없어요. → 당신을 확신시킵니다. / 보장합니다.
Je vous assure.

꼭 → 잊지 않다 ne pas oublier de + 부정법
나갈 때 꼭 문 잠궈야 돼.
Tu n'oublieras pas de fermer la porte, quand tu sortiras.

다 읽으시면 꼭 돌려주셔야 해요.
Vous n'oublierez pas de me le rendre, quand vous l'aurez lu.

힘들게 / 어렵게 / 어렵사리 j'ai de la peine à ...
힘들게 그 사람을 찾아냈어.
J'ai eu de la peine à le trouver.

영광스럽게(도) J'ai l'honneur de ...
제가 영광스럽게도 회장으로 선출되었습니다.
J'ai l'honneur d'être élu(e) président(e).
- 회장으로 선출되어 매우 기쁩니다.
  Je suis très heureux(se) d'être élu(e) président(e).

사실은, 솔직히, je l'avoue, je dois avouer que ...
사실은[솔직히], 그 때 난 좀 당황했었어.
J'étais, je l'avoue, un peu confus(e) à ce moment-là.

사실은[솔직히], 나도 잘 이해를 못하겠어.
Je dois avouer que je ne comprends pas non plus.

맹세코 Je jure de
맹세코 다시는 술 안 마실게. → 다시는 술을 안 마신다고 맹세할게.
Je jure de ne plus boire d'alcool.

절대로 Je te garantis
절대로, 그 사람 말이 옳아. → 그 사람 말이 옳다는 걸 내가 보장하지.
Je te garantis qu'il a raison.

내 생각엔 Je crois que ...
제 생각엔 내일 날씨가 좋을 것 같은데요.
Je crois qu'il fera beau demain.

☞ *어미를 주절로!*

다음 문장은 프랑스어로 어떻게 할까?

Paul은 미국으로 갔**다니까**. / Paul은 미국으로 갔**댔잖아**.

여기서 '-다니까'와 '-댔잖아'는, 내가 그것을 이미 말했다는 것을 의미한다. 따라서 '내가 너에게 반복한다'는 식의 표현인 'Je te répète que'나 '내가 너에게 분명히 말한다[확신시킨다]'라는 뜻의 'Je t'assure que'를 쓰면 되겠다.

- **잖아!, - 대두!, - 다니까 Je te répète que, Je t'assure que**
Paul은 미국으로 갔**다니까**. / Paul은 미국으로 갔**댔잖아**.
Je te répète qu'il est parti pour les Etats-Unis.

(글쎄) 그렇**대두**!
Je t'assure que c'est ça.

몇 가지만 더 보자.

- **라는 말입니까? Ça veut dire que …, Vous dites que …**
그럼, 제가 암이라는 말입니까?
Ça veut dire que j'ai un cancer ?
Vous dites que j'ai un cancer ?

…던데요 / …다면서(요)? …라고 들었는데요 J'ai entendu dire que
오늘 저녁에 중요한 시합이 있다던데요.
J'ai entendu dire qu'il y aura un grand match ce soir.

...잖아(요)! → ...인 거 알고 있잖아(요) (Tu sais / Vous savez) que

그 사람 구두쇠잖아!

Tu sais qu'il est (chiche / avare) !

프랑스어식 사고법

초판 1쇄 인쇄 • 2023년 08월 25일
초판 2쇄 인쇄 • 2024년 09월 20일
지은이 • 박만규
표지디자인 • 박민혜 / 인쇄 • 동남문화사
발행처 • 도서출판 씨엘 / 발행인 • 박만서
출판등록 • 제2022-000048호(2022.10.20)
서울시 강북구 삼양로 438 한일빌딩 3층
전화 • 02-992-0077 / 팩스 • 02-992-0045
e-mail : cielpak@naver.com

값은 뒤표지에 있습니다
저작권자 ⓒ 2023 박만규
ISBN 978-89-88476-25-3 (13760)

유머로 배우는 프랑스어

L'humour en français,
Comment apprendre en riant

- 박만규 저

이 책은 유머를 통해서 프랑스어를 배우도록 제작되었습니다.
유머를 읽으며 웃다 보면 그냥 프랑스어 표현들이 기억됩니다.
실제 프랑스인과 대화할 때 곧바로 활용할 수 있습니다.

그냥 따라 읽기만 하면 됩니다!
프랑스어 표현들이 놀랍도록 쉽게 기억됩니다.
간략한 설명과 함께 자연스럽게 반복을 시켜 주기 때문입니다.

빛나는 당신이 있다면 촛불을 켤 필요가 없다

힐링 에세이집

- 박만규 지음, 이연희 사진

자투리 시간에 읽을 수 있는 책
지하철이나 버스에서 잠깐씩 보고 생각하게 하는 책
차에 두고 필요할 때마다 볼 수 있는 동반자 같은 책
연설문 작성할 때 큰 도움을 얻을 수 있는 책

"세상살이가 쉬워지는 일은 없다. 단지 네가 강해져야 할 뿐!"

막막하거나 실의에 빠졌을 보세요.
곧바로 자신감, 용기, 위안을 줍니다.

위안과 자신감을 얻고 목표를 향해 날아가도록 도와주는
여러분을 성장 길로 이끌어 주는
촌철살인의 짧은 에세이들의 모음!
간략한 설명과 함께 자연스럽게 반복을 시켜 주기 때문입니다.